기초코딩과 문제해결

with APP INVENTOR

박명철 · 하옥균 저

YD 연두에디션
Edition

박 명 철 (africa@ikw.ac.kr)
경상대학교 컴퓨터과학 공학박사
경운대학교 항공전자공학과 교수
　　　－ 컴퓨터프로그래밍, 항공시뮬레이션, 시각화, 헬스케어

하 옥 균 (okha@ikw.ac.kr)
경상대학교 컴퓨터과학 공학박사
경운대학교 항공소프트웨어공학과 교수
　　　－ 항공소프트웨어설계, 항공시뮬레이션, 병렬처리시스템

기초코딩과 문제해결_with APP INVENTOR

발행일　2020년 02월 20일 초판 1쇄
지은이　박명철 · 하옥균
펴낸이　심규남
기　획　염의섭 · 이정선
펴낸곳　연두에디션
주　소　경기도 고양시 일산동구 동국로 32 동국대학교 산학협력관 608호
등　록　2015년 12월 15일 (제2015-000242호)
전　화　031-932-9896
팩　스　070-8220-5528
ISBN　979-11-88831-44-9
정　가　24,000원

이 책에 대한 의견이나 잘못된 내용에 대한 수정정보는 연두에디션 홈페이지나 이메일로 알려주십시오.
독자님의 의견을 충분히 반영하도록 늘 노력하겠습니다.
홈페이지 www.yundu.co.kr

본 교재는 교육부 및 한국연구재단의 대학혁신지원사업의 연구결과로 수행되었음.

※ 잘못된 도서는 구입처에서 바꾸어 드립니다.

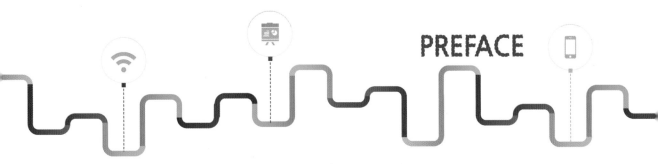

PREFACE

　본 교재는 사회 전반에서 발견된 문제에 대해 창의적이고 실효성 있는 해법을 도출하는 능력을 향상하여 수렴적 사고력과 확산적 사고력을 강화하는 목적으로 집필되었다. 본 교재에서 중점으로 다루는 수렴적 사고는 컴퓨터가 효과적으로 수행할 수 있도록 문제를 정의하고 그에 대한 해답을 기술하는 것이 포함된 일련의 사고 과정을 의미하며 확산적 사고는 수렴적 사고를 바탕으로 디자이너가 생각하는 방식으로 문제를 해결 하는 방법으로 비즈니스, 사회, 경제, 과학 분야로의 적용 확대를 위하여 각 전공 교과 에서 다루게 될 것이다.

　본 교재는 선수교과로 진행된 컴퓨팅사고와 SW이해를 바탕으로 단위 문제를 해결하기 위한 기초 코딩 역량을 향상시키기 위한 목적으로 구성되었다. 또한 코딩 능력보다는 문제를 직관적으로 이해하고 분해하여 해결할 수 있는 사고력 신장에 중점을 두었다.

　앱 인벤터를 코딩 도구로 선정한 이유는 컴퓨팅 역량이 다소 약한 비공학계열 학생들을 대상으로 집필되었기 때문이다. 일상적인 스마트폰과 연동하여 결과물을 바로 확인할 수 있고 텍스트 코딩이 아닌 블록 코딩을 통한 학습의 수월성과 논리적인 문제 해결 역량에 초점을 맞추기 위해서이다.

　간혹, 코딩 교육이 한 학기 동안 해당 언어의 문법적인 요소에 국한된 학습으로 실제적인 문제 해결 영역에 사용되지 못하는 경우와 비전공자(비공학계열) 학생들에게는 적용적인 요소가 빈약하다는 판단에서 손쉽고 직관력 있는 블록 코딩 도구인 앱 인벤터를 선택하게 되었다.

　앱 인벤터는 인터넷이 가능한 웹 브라우즈와 구글 계정만으로 장소에 관계없이 학습을 지속할 수 있는 접근 용이성이 매우 높은 도구이며 전문적인 영역에서의 텍스트 코딩으로 발전할 수 있는 기초 역량을 위한 도구로서 손색이 없다고 저자는 판단한다.

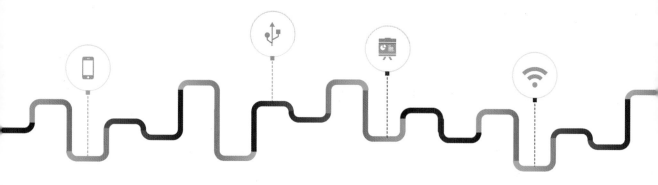

본 교재의 1장에서는 앱 인벤터 사용을 위한 환경과 구성요소에 대해 소개하고 블록 코딩을 위한 단위 블록을 이해하는 학습 활동을 한다.

2장에서는 논리적인 절차를 명세할 수 있는 역량을 함양하기 위하여 단위 문제를 제시하고 문제를 블록 코딩으로 표현하는 기초적인 방법에 대해 학습한다. 또한 조건판단, 논리연산, 반복구문 등의 프로그램 흐름의 가장 기본적인 제어절차를 이해하는 것에 초점을 맞추어 학습 활동을 진행한다.

3장에서는 앱 인벤터가 제공하는 다양한 컴포넌트를 이용하여 블록 코딩과 연동할 수 있는 방법을 학습하며 문제 해결 과정에서 발생할 수 있는 예외적인 상황과 그에 따른 해결 방법을 모색하는 과정도 더불어 학습한다.

4장에서는 연산자의 사용과 제어문에 대한 실제 적용을 위한 문제를 해결하는 과제를 중심으로 학습이 이루어지며 5장에서는 스마트폰의 다양한 센서를 이용하여 실제 적용 가능성이 있는 앱을 구현해 봄으로써 다양한 아이디어를 구상하고 실현해 볼 수 있는 과제로 학습이 이루어진다. 마지막 6장에서는 문제해결 능력을 향상하기 위한 과제로 다소 복잡하고 다양한 요구사항이 제시된 블록 코딩 위주의 학습이 이루어진다.

아무쪼록, 본 교재를 통하여 향후 다양한 전공에서 제시되는 문제를 해결하기 위한 컴퓨팅 사고의 접근에 조금이나마 도움이 되길 기원한다. 마지막으로 미천한 원고를 출판해 주신 도서출판 연두에디션 관계자 여러분들께 진심으로 감사를 드린다.

2020년 숭선골에서

필자

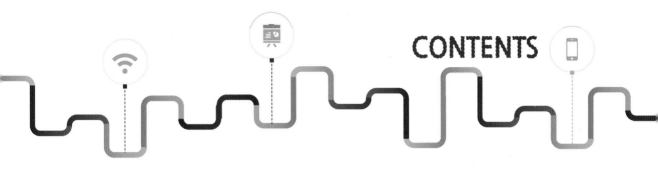

CONTENTS

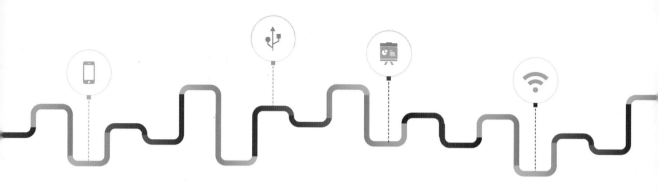

CHAPTER **03** 컴포넌트와 블록 코딩 단련하기

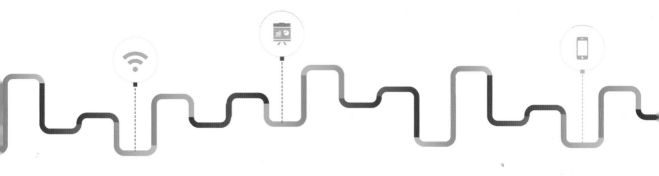

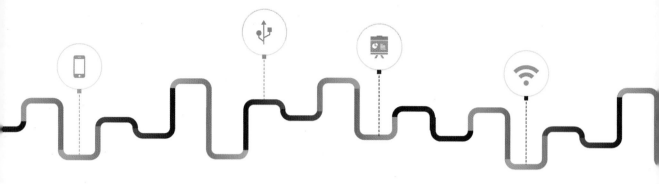

CHAPTER **06** 문제해결 능력 향상하기

기초코딩과 문제해결_with APP INVENTOR

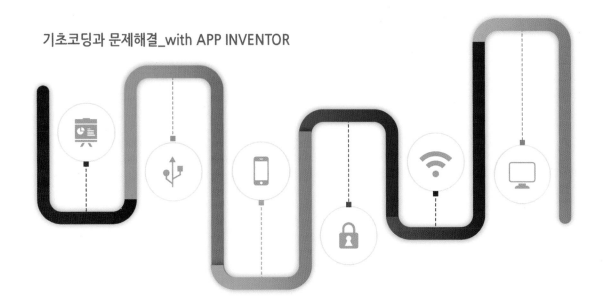

01

앱 인벤터 시작하기

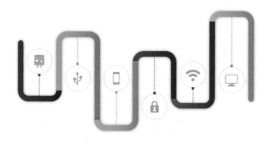

기초코딩과 문제해결_with APP INVENTOR

01 CHAPTER 앱 인벤터 시작하기

1.1 앱 인벤터를 이용한 기초코딩

앱 인벤터을 기초코딩 도구로 사용하는 이유는 일상적인 스마트폰과 연동하여 산출물을 적시에 확인가능하고 비전공자의 이해도를 높일 수 있는 블록형 프로그래밍 도구이기 때문이다. 이를 통하여 학습자의 학습 수월성을 높이고 창의적인 아이디어와 컴퓨팅사고를 함양할 수 있으리라 사료된다.

또한 다양한 미디어를 손쉽게 활용할 수 있으며 스마트폰의 기능을 이용한 자신만의 아이디어와 일성적인 서비스를 구현할 수 있기도 하다.

별도의 프로그래밍을 위한 개발도구의 설치 없이 인터넷이 가능한 웹 환경에서 브라우즈만으로 코딩을 할 수 있는 장점과 직관적인 가시성도 앱 인벤터를 본 교과에 적용하는 이유 중 하나다.

본 교재는 향후 다른 프로그래밍 언어나 도구를 사용할 수 있는 확장성을 위하여 통상적인 구문과 절차의 폭넓은 이해를 위해 한글 개발 환경과 영문 개발 환경을 혼용하여 내용을 설명하고자 한다. 블록형 프로그래밍 도구 외에 거의 모든 텍스트형 프로그래밍 언어는 한글화가 없으므로 가능하면 영문으로 된 구문 등을 익숙하게 단련하는 것이 보다 나을 것으로 사료 된다.

혹, 영문 환경의 이해도가 낮은 학습자들은 한글 환경에서 학습을 해도 무관하다, 이는 단순한 문장의 표기 방법의 차이일 뿐 아무런 문제가 되지는 않는다. 또한 본 교재 외에도 앱 인벤터를 이용한 다양한 예제가 웹에 공개되어 있으므로 적용 영역에 따라 참고하면서 학습하기를 바란다.

앱 인벤터는 MIT 공대의 미디어랩에서 운영하고 있으며 App Inventor for Android라는 명칭에서도 확인할 수 있듯이 안드로이드 환경의 앱을 제작하기 위한 도구이다. 당초 개발은 구글에서 주도하였으며 2011년 공식적으로 출시하여 서비스하다가 2011년 후반기 소스 코드를 공개하고 서비스를 중단하였다. 이를 MIT 공대에서 이어받아 현재 서비스를 제공하고 있다. 현재 버전은 앱 인벤터2이며 최근(2019년 11월)에는 App Inventor for iOS가 베터 버전으로 나와 안드로이드 환경과 iOS 환경 모두에 적용할 수 있는 앱을 개발할 수 있게 되었다.

1.2 안드로이드 앱 개발

안드로이드 앱은 기본적으로 자바(JAVA)[1] 언어와 XML[2]를 기반으로 만들어지는 구조를 가지고 있다. 하지만 앱 인벤터를 이용하면 자바와 XML 코드를 한 줄도 볼 수 없으며 개발자는 단순한 블록의 배치만으로 원하는 앱을 개발할 수 있기 때문에 교육용 프로그래밍 도구로 널리 사용되고 있다. 하지만 우리가 제작하고자하는 결과물이 안드로이드 앱이기 때문에 간단한 안드로이드 구조를 이해하고 넘어가는 것이 좋을 것 같다. 혹, 이해가 어려운 학습자는 다음 단원으로 바로 넘어가도 무관하다.

안드로이드는 모바일 장치를 위한 운영체제와 사용자 인터페이스, 기본적인 응용 프로그램을 포함하는 소프트웨어의 모임이라고 생각하면 된다. 안드로이드는 기본적으로 리눅스 기반에서 자바와 코틀린(Kotlin)[3] 언어로 앱을 만들어 동작한다.

자바 언어는 기계어 코드가 아닌 중간 코드인 바이트 코드를 생성하므로 안드로이드는 기본적으로 바이트 코드를 구동할 수 있는 자바 런타임 라이브러리를 제공한다. 그리고 모바일 기기를 위해 설계된 가상 머신인 ART(Android Runtime)[4] 상에서 실행되는 구조를 가진다.

안드로이드 운영체제의 구성요소는 다음 그림과 같이 크게 사용자 서비스에 해당하는 응용프로그램, 개발자가 응용 프로그램 개발에 사용하는 클래스와 라이브러리에 해당하는 응용프로그램 프레임워크, 응용 프로그램 개발에 사용되는 독립된 단위 기능별 라이브러리, 실제 자바 응용 프로그램 구동기에 해당하는 런타임, 시스템의 모든 동작을 통제하는 운영체제의 핵심인 커널(Kernel)로 이루어져 있다.

---

1) 자바 언어의 모든 개발 환경은 무료이며, 운영체제에 독립적으로 실행 가능한 응용프로그램을 개발할 수 있는 객체 지향 언어
2) XML(Extensible Markup Language)은 동적인 정보을 표현하기 위한 응용 프로그램의 프로파일에 해당한다.
3) 자바 가상 머신(JVM : Java Virtual Machine)에서 동작하는 프로그래밍 언어
4) 기존(안드로이드 5.0 이전)에는 달빅(Dalvik)이라는 안드로이드 가상 머신으로 리눅스 기반의 안드로이드에서 자바 응용 프로그램을 구동하였다. 이후에는 ART 즉, 안드로이드 가상머신을 구동기로 사용한다.

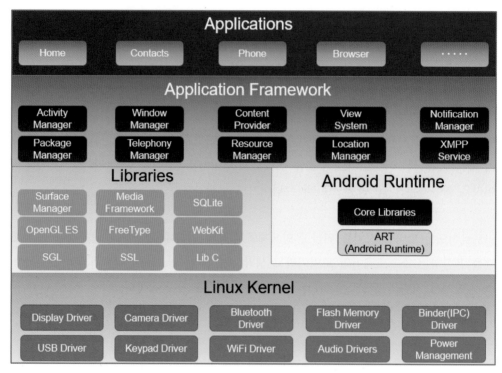

[그림 1] 안드로이드 구조(출처 : 위키백과[재편집])

안드로이드 앱 개발의 위해서는 JDK 설치, 통합개발환경(Android Studio, Eclipse), Android SDK, ADT Plug-in, AVD 설치 등의 복잡한 과정이 필요하며 앱 개발을 위해서는 전문적인 자바 언어와 XML 지식이 있어야 한다.

▸ JDK : Java Development Kit, 자바 개발 키트로 자바 플랫폼의 소프트웨어 개발 도구

▸ Android Studio : 안드로이드 및 안드로이드 앱 제작을 위한 공식 통합 개발 환경(IDE : Integrated Development Environment)

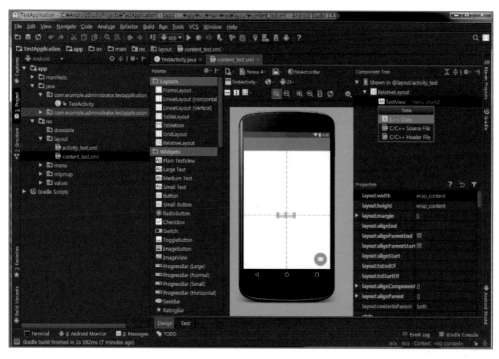

[그림 2] 안드로이드 스튜디오를 이용한 앱 개발

▸ Eclipse : 다양한 플랫폼에서 적용 가능하며 자바를 비롯한 다양한 언어를 지원하는 프로그래밍 통합 개발 환경

[그림 3] 이클립스를 이용한 앱 개발

▸ **Android SDK** : Android Software Development Kit, 개발자가 안드로이드 환경에서 응용 프로그램을 만들 수 있게 도와주는 소프트웨어 개발 도구의 집합

▸ **ADT Plug-in** : Android Development Tool, 통합개발환경에서 안드로이드 관련 설정이나 개발에 필요한 인터페이스 등의 처리를 위한 기능 요소, 일반적으로 ADT와 SDK 가 연동되어야 개발할 수 있는 환경이 구축된다. 안드로이드 스튜디오의 경우는 별도의 설치 절차가 필요 없다.

▸ **AVD** : Android Virtual Device, 안드로이드 애뮬레이터를 의미하여 실제 장치와 흡사한 가상의 장치에서 결과를 확인해 볼 수 있다. 또한 다양한 종류의 기기가 없을 경우, 프로그램 테스트에 유용하게 사용된다.[5]

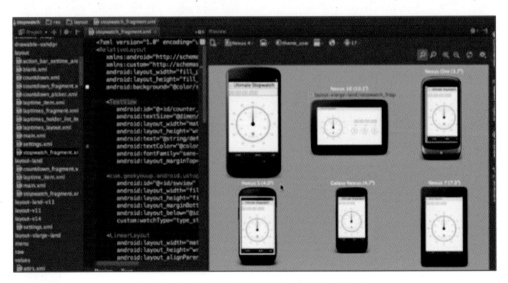

[그림 4] 다양한 에뮬레이터를 이용한 테스트

---

5) 앱 인벤터도 실제 기기 없이 aiStarter를 통하여 에뮬레이터 형식으로 실행 테스트가 가능하다.

1.3 앱 인벤터 준비

앞서 설명한대로 앱 인벤터는 오픈 소스 기반의 블록형 프로그래밍 도구이다. 프로그래밍을 처음 접하는 비전공자에게 적합하며 안드로이드 기반의 다양한 앱을 구현할 수 있도록 다양한 컴포넌트(Component)를 제공하고 있다. 앱 인벤터에서 말하는 컴포넌트는 사용자가 사용하는 시스템 조작을 위한 도구를 의미하며 일반적으로 컨트롤(Control)이라고도 한다. 화면을 구성하는 페이지, 사용자로부터 입력을 받기 위한 텍스트 박스, 사용자의 의사전달을 위한 대화상자 등이 모두 컴포넌트에 해당한다. 자세한 컴포넌트의 종류와 기능은 1.4절에서 설명한다.

가장 큰 특징은 안드로이드 앱의 필수 도구인 자바를 사용하지 않고 블록 코딩만으로 앱을 개발할 수 있다는 것이다. 그리고 별도의 프로그램 설치가 필요 없고 크롬 기반의 웹 브라우즈만 있으면 누구나 쉽게 원하는 프로그램을 만들 수 있다.

❶ 먼저, 구글의 크롬 웹브러우즈을 설치한다.

[그림 5] https://www.google.com/chrome/

❷ 앱 인벤터를 이용한 프로그램을 위해서는 반드시 구글 계정이 필요하다. 기존에 구글 계정이 있으면 로그인하고 없으면 [계정 만들기]을 통하여 원하는 계정을 하나 생성한다. 그리고 다수의 계정으로 계정별 각각의 작업을 관리할 수도 있다.

[그림 6] 구글 계정 만들기

❸ 계정으로 로그인 후 앱 인벤터 사이트에 접속하여 [Create Apps!] 버튼을 클릭하면
자동으로 앱 인벤터 개발 화면을 만날 수 있다. 계정별로 개발 프로젝트를 관리하기
때문에 복수개의 계정이 있을 경우에는 별도의 계정 선택을 위한 화면이 표시되기도
한다.

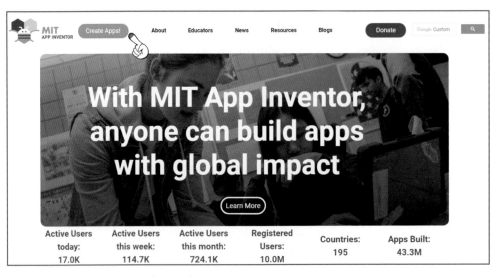

[그림 7] http://appinventor.mit.edu/

④ 정상적으로 로그인이 되면 아래와 같이 초기 화면이 열린다. 아무 버튼이나 클릭해도 되지만 이미 만들어져 있는 샘플 프로젝트를 수행해 보기 위하여 왼쪽의 HELL PURR의 [GO TO TUTORIAL]를 클릭한다.

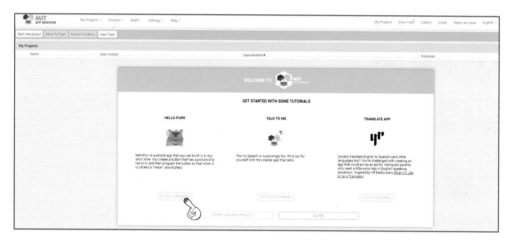

[그림 8] 앱 인벤터 초기화면

⑤ 화면에 고양이 사진과 함께 프로젝트 창이 열린다. 전체적인 메뉴의 표시가 기본적으로 영문인데 한글로 변경하고자 한다면 상단 오른쪽의 언어 식별 버튼을 눌러 [Korea]로 변경하면 된다.

[그림 9] 앱 인벤터 개발 화면

1.4 앱 인벤터 화면 구성과 컴포넌트 이해

앱 인벤터의 화면 구성은 매우 단순하다. 화면 디자인을 위한 [디자이너]와 각 컴포넌트의 동작과 기능, 내부적 절차를 명시하기 위한 [블록] 화면으로 구분되어 있다.

1.4.1 [메인] 화면

[메인] 화면은 프로젝트 관리를 위한 메뉴와 각 화면을 생성 및 삭제, 지정할 수 있는 버튼으로 구성되어 있다.

[그림 10] 메인 화면

① [프로젝트] 메뉴

[그림 11] 프로젝트 메뉴

❶ 내 프로젝트 : 계정으로 만든 프로젝트들을 표시하고 작업 대상을 선택 할 수 있다. 생성 및 수정 발행(배포) 여부를 확인할 수 있고 특정 프로젝트를 선택하여 삭제할 수도 있다.

	이름	생성일	수정일▼	발행됨
☐	HelloPurr	2020. 1. 5. 오후 5:01:12	2020. 1. 5. 오후 5:01:12	No

새 프로젝트 시작하기 · 프로젝트 삭제 · 갤러리에 발행하기 · View Trash

내 프로젝트

[그림 12] 내 프로젝트

– [갤러리에 발행하기] 버튼은 앱 인벤터 사용자들이 공유하는 공간에 등록하는 것을 의미한다.
– [갤러리에 발행하기]를 선택하면 아래 화면과 같이 등록 정보를 입력할 수 있게 된다. 1.앱 대표 이미지, 2.앱 이름, 3. 그 외에 지시된 내용을 입력하고 4. 발행 버튼을 클릭하면 갤러리에 등록되게 된다.

[그림 13] 갤러리에 발행하기

– 갤러리는 상단 오른쪽 메뉴에 배치되어 있으며 많은 사용자들의 앱에 등록되어 있
다. 해당 프로젝트를 선택하여 [내 프로젝트]에 가져올 수 있으며 실행 및 수정도
가능한 공유의 장이다.

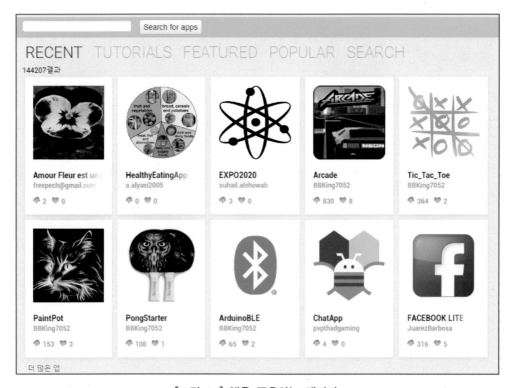

[그림 14] 앱을 공유하는 갤러리

② 새 프로젝트 시작하기 : 새로운 프로젝트를 만들 수 있는 메뉴

③ 내 컴퓨터에서 프로젝트 (.aia) 가져오기 : 앱 인벤터 프로젝트는 확장자가 aia이며 작
업 후 별도로 컴퓨터에 저장해 둘 수 있다. 일종의 앱 인벤터의 소스 파일에 해당한다.
그리고 다른 사용자가 저장한 파일을 전달받아 내 프로젝트에 등록시킬 때 사용한다.

④ 저장소에서 프로젝트 (.aia) 가져오기 : 앱 인벤터 사이트에서 제공하는 예제 프로젝
트 소스 파일을 가져 올 수 있다.

[그림 15] 저장소에서 예제 프로젝트 가져오기

⑤ 프로젝트 저장 : 앱 인벤터는 자동으로 저장되지만 사용자가 의도적으로 저장하고자 할 때 사용한다. 큰 의미는 없다.

⑥ 프로젝트 다른 이름으로 저장 : 작업중인 프로젝트 이름을 변경하여 저장할 때 사용한다.

⑦ 체크포인트 : [프로젝트 다른 이름으로 저장]과 동일한 기능을 한다. 다른 점은 저장 이후에 변경한 프로젝트가 아닌 기존 프로젝트를 그대로 유지하는 것이다. 즉, 현 시점에서의 백업을 위한 저장이다.

⑧ 선택된 프로젝트 (.aia)를 내 컴퓨터로 내보내기 : 선택된 프로젝트를 내 컴퓨터에 저장한다.

⑨ 모든 프로젝트 내보내기 : [내 프로젝트]에 있는 모든 프로젝트를 컴퓨터에 저장되며 압축 파일 형태로 저장된다.

⑩ 키 저장소 가져오기 : 키 저장소는 앱을 배포하거나 기존 배포된 앱을 업데이트할 때 사용하는 개발자의 기본 정보를 의미한다. 앱 인벤터는 스스로 키 정장소를 제공하기 때문에 사용자가 별도로 고려할 필요는 없다. 컴퓨터에 저장되어 있는 키 값을 가져와 앱의 키 저장소 파일을 변경한다.

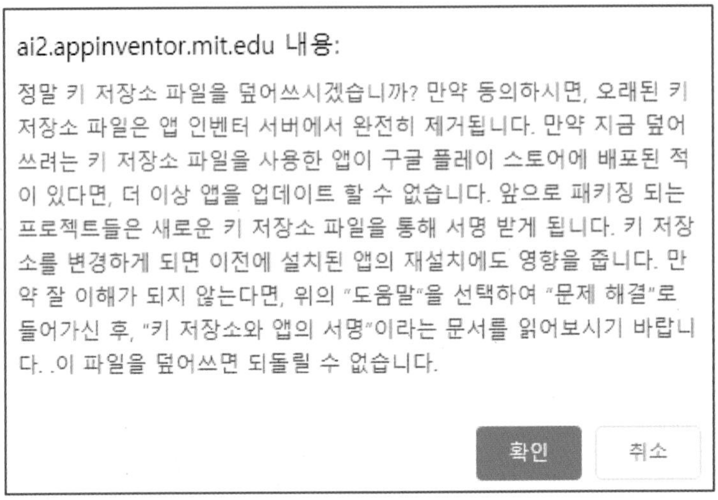

ai2.appinventor.mit.edu 내용:

정말 키 저장소 파일을 덮어쓰시겠습니까? 만약 동의하시면, 오래된 키 저장소 파일은 앱 인벤터 서버에서 완전히 제거됩니다. 만약 지금 덮어 쓰려는 키 저장소 파일을 사용한 앱이 구글 플레이 스토어에 배포된 적이 있다면, 더 이상 앱을 업데이트 할 수 없습니다. 앞으로 패키징 되는 프로젝트들은 새로운 키 저장소 파일을 통해 서명 받게 됩니다. 키 저장소를 변경하게 되면 이전에 설치된 앱의 재설치에도 영향을 줍니다. 만약 잘 이해가 되지 않는다면, 위의 "도움말"을 선택하여 "문제 해결"로 들어가신 후, "키 저장소와 앱의 서명"이라는 문서를 읽어보시기 바랍니다. .이 파일을 덮어쓰면 되돌릴 수 없습니다.

확인   취소

[그림 16] 키 저장소 가져오기

⑪ **키 저장소 내보내기** : 등록된 앱 인벤터의 키 저장소를 내 컴퓨에 저장한다.

⑫ **키 저장소 삭제** : 등록된 앱 인벤터의 키 저장소를 삭제한다. 한번도 앱을 빌드[6]하지 않았다면 메뉴는 활성화 되지 않는다.

② [연결] 메뉴

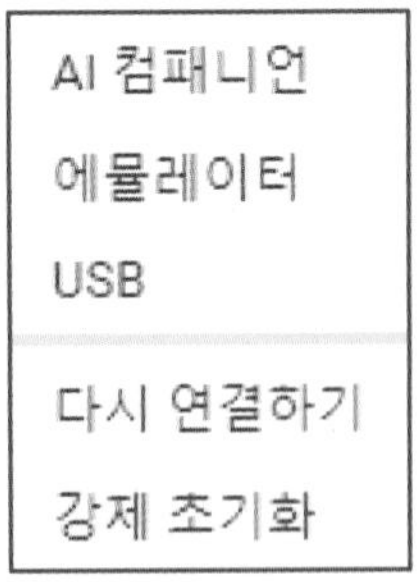

AI 컴패니언
에뮬레이터
USB

다시 연결하기
강제 초기화

[그림 17] 연결 메뉴

❶ **AI 컴패니언** : 앱 인벤터와 스마트폰을 연결하는 방법으로 동일한 WiFi을 이용하고 있다면 무선으로 연결할 수 있는 병법이다. 이때 작업하는 컴퓨터와 폰은 반드시 동일한 네트워크에 있어야 한다.

---

6) 앱을 완성하고 생성하는 작업, 안드로이드 앱은 최종적으로 apk 파일로 생성되고 배포된다.

[그림 18] AI 컴패니언 연결 화면

– 폰에 [MIT AI2 Companion] 앱이 설치되어 있는 경우 해당 앱에서 [scan QR code]를 클릭하여 QR 코드을 스캔하면 해당 프로젝트 앱이 폰에서 자동 실행된다.

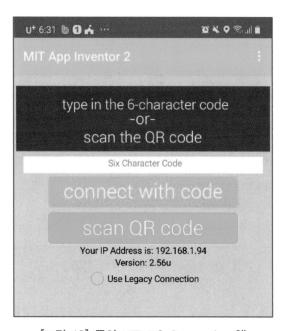

[그림 19] 폰의 MIT AI2 Companion 앱

- 만약 폰에 [MIT AI2 Companion] 앱이 설치되지 않았다면 [AI 컴패니언 연결 화면]에서 중간에 있는 "Need help finding the Companion App?" 링크를 클릭하면 아래와 같이 앱 설치를 위한 QR코드 화면이 열린다. 폰에서 QR코드 인식 앱을 통하여 해당 앱을 설치할 수 있다.
- 폰이 있다면 이 방법이 가장 간단하고 신속하게 폰에서 개발된 프로젝트를 확인할 수 있는 방법이다.

Step 1: Download and install the MIT AI2 Companion App on your phone.

Open your device's QR code scanner and scan the QR code on the left below to download the Companion App from the Play Store. If you can't use the Play Store, use the QR code on the right to download the Companion App directly to your phone.

Play Store	APK File
Recommended: Automatic updates	Manual updates required

Scan this QR code (or click this link) to get the app from the Play Store   Scan this QR code (or click this link) to download the app directly

If you need a QR code scanner, you can get one at the Play Store (e.g., ZXing).

[그림 20] [MIT AI2 Companion] 앱 다운로드 링크

❷ 에뮬레이터 : 안드로이드 환경의 스마트 폰이 없다면 가상의 장치를 통하여 앱의 실행 결과를 볼 수 있다. 에뮬레이터는 컴퓨터에 프로그램을 설치해야 하며 해당 프로그램을 실행하고 [에뮬레이터] 메뉴를 선택해야 실행된다.
  - http://appinventor.mit.edu/explore/ai2/setup-emulator 접속한다.

Step 1. Install the App Inventor Setup Software

- Instructions for Mac OS X
- Instructions for Windows
- Instructions for GNU/Linux

[그림 21] 에뮬레이터 유형 선택 페이지

- 위 화면에서 해당 운영체제에 맞는 링크을 클릭하여 컴퓨터에 App Inventer Setup 소프트웨어를 다운로드 할 수 있는 페이지로 이동한다.

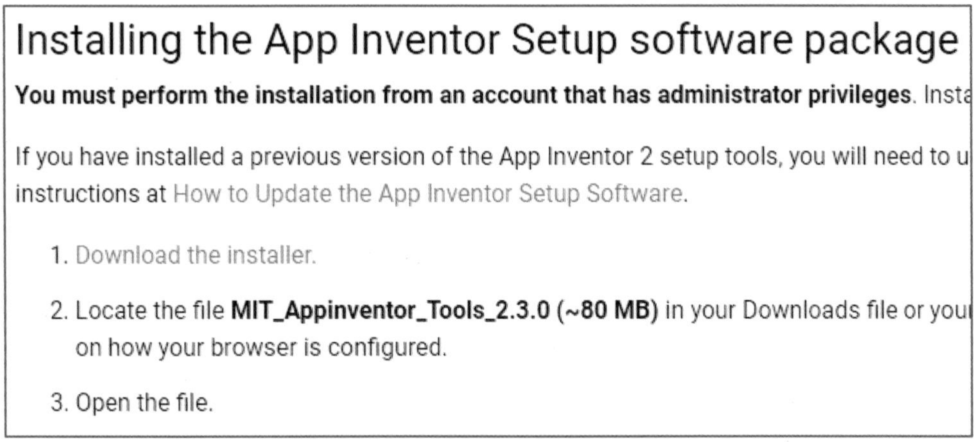

Installing the App Inventor Setup software package

You must perform the installation from an account that has administrator privileges. Insta

If you have installed a previous version of the App Inventor 2 setup tools, you will need to u
instructions at How to Update the App Inventor Setup Software.

1. Download the installer.

2. Locate the file **MIT_Appinventor_Tools_2.3.0 (~80 MB)** in your Downloads file or you
   on how your browser is configured.

3. Open the file.

[그림 22] 에뮬레이터 다운로드 페이지

- "1. Download the installer"를 클릭하여 파일을 다운로드 받아 실행하면 된다. 실
  행을 완료하면 컴퓨터에 📲 aiStarter 아이콘이 생성된다.
- 에뮬레이터를 실행시키기 위해서는 반드시 aiStarter 프로그램을 먼저 실행하고 애
  뮬레이터를 연결하여야 한다.

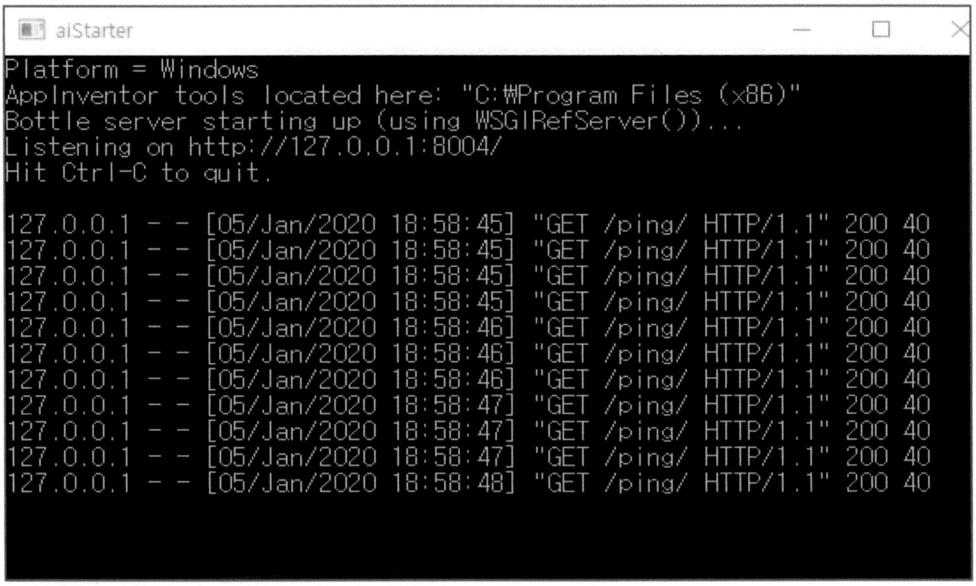

```
■ aiStarter                                          —    □    ×
Platform = Windows
AppInventor tools located here: "C:\Program Files (x86)"
Bottle server starting up (using WSGIRefServer())...
Listening on http://127.0.0.1:8004/
Hit Ctrl-C to quit.

127.0.0.1 - - [05/Jan/2020 18:58:45] "GET /ping/ HTTP/1.1" 200 40
127.0.0.1 - - [05/Jan/2020 18:58:45] "GET /ping/ HTTP/1.1" 200 40
127.0.0.1 - - [05/Jan/2020 18:58:45] "GET /ping/ HTTP/1.1" 200 40
127.0.0.1 - - [05/Jan/2020 18:58:45] "GET /ping/ HTTP/1.1" 200 40
127.0.0.1 - - [05/Jan/2020 18:58:46] "GET /ping/ HTTP/1.1" 200 40
127.0.0.1 - - [05/Jan/2020 18:58:46] "GET /ping/ HTTP/1.1" 200 40
127.0.0.1 - - [05/Jan/2020 18:58:46] "GET /ping/ HTTP/1.1" 200 40
127.0.0.1 - - [05/Jan/2020 18:58:47] "GET /ping/ HTTP/1.1" 200 40
127.0.0.1 - - [05/Jan/2020 18:58:47] "GET /ping/ HTTP/1.1" 200 40
127.0.0.1 - - [05/Jan/2020 18:58:47] "GET /ping/ HTTP/1.1" 200 40
127.0.0.1 - - [05/Jan/2020 18:58:48] "GET /ping/ HTTP/1.1" 200 40
```

[그림 23] aiStarter 실행

– 위 aiStarter을 실행하고 [에뮬레이터] 메뉴를 선택하면 다음 그림과 같이 가상 장치를 통한 앱 동작 확인이 가능하게 된다. 가상 장치지만 스마트폰 의 동작 구조를 그대로 구현해야 하기 때문에 다소 시간이 소요된다.

[그림 24] 에뮬레이터에서 실행된 앱

– 에뮬레이터가 동작하면 앱 인벤터와 계속 연결되어 있으므로 프로젝트 변경사항을 실시간으로 에뮬레이터에서 확인할 수 있다. 가능하면 동작이 시작된 에뮬레이터는 종료 없이 계속 사용하는 것이 좋다. 종료하면 에뮬레이터를 재 시동하는데 시간이 많이 소요되기 때문이다.

– 에뮬레이터 동작시 컴페니언 앱의 버전을 업데이트하라는 메시지가 나오면 절차에 따라 Install을 하고 업데이터가 완료되면 반드시 열기(Open)가 아닌 완료(Done)를 선택해야 한다. 열기를 선택하면 업데이트를 처음부터 다시 시작하는 경우가 발생한다.

– 업데이터가 완료되면 [다시 연결하기]을 실행하고 에뮬레이터가 종료되면 [에뮬레이
터]를 다시 실행하면 정상적인 결과를 확인할 수 있다.

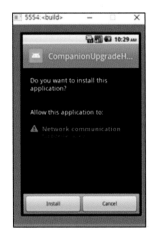

[그림 25] 컴페니언 앱 업데이트 과정

❸ USB : USB 케이블을 이용하여 스마트폰과 컴퓨터를 연결하여 앱을 실행할 때 사용한다. 위 두 방법에 비해 안정적이며 프로젝트가 수정되면 거의 실시간으로 변화내용을 확인할 수 있다는 장점이 있다.

  - 기종마다 메뉴의 차이는 있겠지만, 스마트폰의 [설정] 메뉴에서 [휴대전화 정보] 메뉴에 가면 [소프트웨어 정보] 메뉴가 있다. [빌드번호] 부분을 7~8회 정도 연속적으로 터치하면 "개발자 모드"라는 메시지가 나온다.

  - 다시 [설정] 메뉴에 가면 [휴대전화 정보] 밑에 [개발자 옵션] 메뉴가 생겼을 것이다. 메뉴내에 [USB 디버깅]을 On으로 설정하면 USB 케이블 연결을 통하여 앱을 실행할 수 있다.

❹ **다시 연결하기** : 앱 인벤터와 스마프폰 연결 상태를 초기화한다.

❺ **강제 초기화** : 에뮬레이터의 업데이트가 삭제된다는 점 외에는 [다시 연결하기]와 동일하다.

❸ [빌드] 메뉴

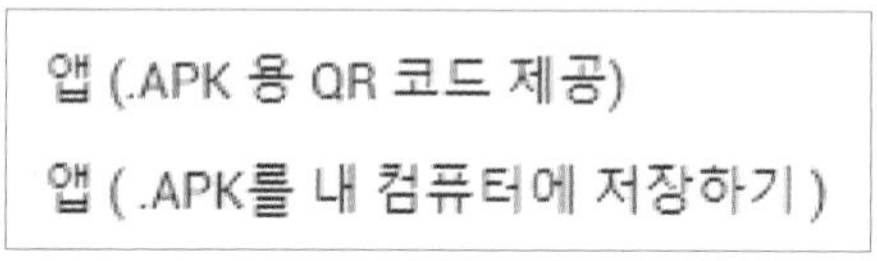

앱 (.APK 용 QR 코드 제공)
앱 (.APK를 내 컴퓨터에 저장하기)

[그림 26] 빌드 메뉴

❶ **앱 (.APK 용 QR 코드 제공)** : QR 코드을 이용해서 앱의 동작파일인 apk 파일을 폰에 설치하는 방법이다. 클릭을 하면 apk 파일[7]을 생성하는 과정을 보이고 해당 QR 코드을 출력한다.

  - 폰의 QR코드 인식 앱을 이용하여 해당 QR 코드를 인식시키면 다운로드 링크가 열리고 apk 파일을 다운로드 받을 수 있다. 이때 "출처를 알수 없은 앱"이라는 경고창이 나오면 "허용"하고 설치하면 된다.

---

7) APK : Android Application Package, 안드로이드에서 프로그램 형태로 배포되는 형식의 확장자이다.

[그림 27] APK 파일 링크 QR코드

❷ 앱 (.APK를 내 컴퓨터에 저장하기) : 스마트 폰에 다운로드하는 대신 내 컴퓨터에 apk 파일을 저장할 수 있다.

④ [Setting] 메뉴

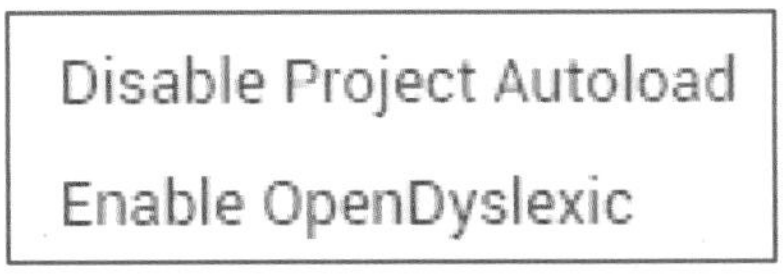

Disable Project Autoload

Enable OpenDyslexic

[그림 28] Setting 메뉴

❶ Enanle/Disable Project Autoload : 가장 최근에 작업한 프로젝트를 자동으로 불러 오는 기능을 의미한다.

❷ Enanle/Disable OpenDyslexic : 난독증의 글자 읽기 문제를 도와주기 위한 기능이 다. 글꼴의 하단 부분이 약간 두껍게 표시된 글꼴을 사용한다.

5 [스크린] 메뉴

[그림 29] 스크린 제어 메뉴

앱의 화면 단위를 스크린이라고 한다. 작업할 스크린를 지정하고, 추가하고 삭제하는 역할을 한다.

1.4.2 [디자이너] 화면

[디자이너] 화면에는 분류별 컴포넌트를 담고 있는 [팔레트] 영역과 실제 스마트폰의 화면을 나타내는 [뷰어] 영역, 각 스크린에 사용된 컴포넌트들을 나타낸 [컴포넌트] 영역, 컴포넌트의 속성값을 변경할 수 있는 [속성] 영역, 앱 작성에 사용되는 이미지, 동영상, 소리, 음악 파일을 등록하는 [미디어] 영역으로 구분되어 있다.

[그림 30] 디자이너 화면 구조

■ [팔레트] 영역

[팔레트] 영역에서는 가장 많이 사용하는 [사용자 인터페이스]와 [레이아웃] 영역에 있는 컴포넌트만 설명하고 나머지 영역들은 실제 사용하는 예제에서 설명하도록 한다.

[사용자 인터페이스]

사용자 인터페이스는 UI(User Interface)라고 하며 사용자와 앱이 상호소통 하는 수단에 해당하는 컴포넌트이다. 여러분이 특정 사이트에 로그인할 때 아이디나 패스워드를 입력하는 텍스트 상자가 대표적인 UI 컴포넌트이다.

각 컴포넌트는 [속성]에 따라 모양이나 기능 등을 변화시킬 수 있으므로 해당 컴포넌트의 [속성] 요소를 잘 파악해야 한다.

[그림 31] 사용자 인터페이스 컴포넌트

① **버튼** : 앱 작성에 필수적인 컴포넌트로 특정 동작을 위한 사용자 액션을 받고자 할 때 사용한다. 즉, "이 버턴을 누르면 어떤 동작을 해라"라는 지시가 필요할 때 사용할 수 있다.

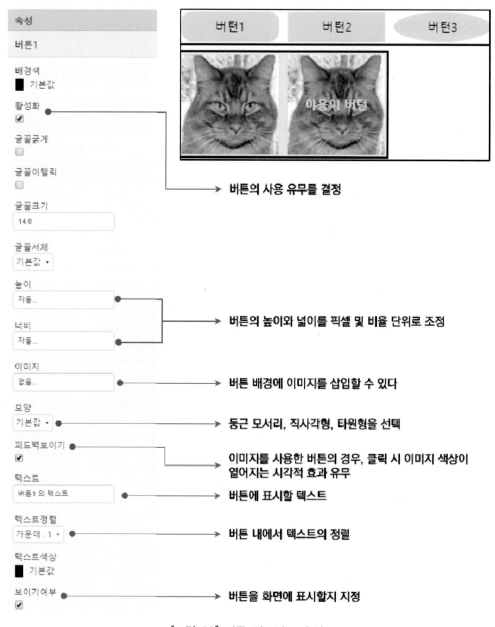

[그림 32] 버튼 컴포넌트 속성

❷ 체크박스 : 특정 요소에 대한 선택 여부를 위한 컴포넌트이다. 속성을 조정하여 체크 활성과 비활성으로 지정할 수 있으며 체크에 따라 특정 기능이나 프로그램 절차를 변경할 때 주로 이용한다.

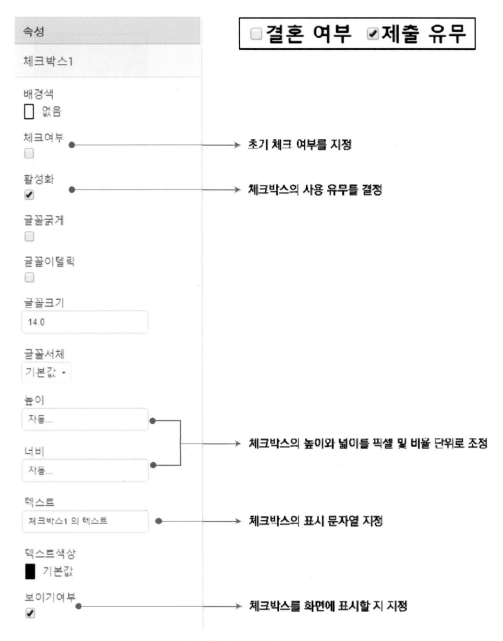

[그림 33] 체크박스 컴포넌트 속성

③ **날짜선택버튼** : 날짜를 입력을 위한 컴포넌트이다. 컴포넌트을 선택하면 날짜를 선택
할 수 있는 팝업창이 나타난다. 주의할 점은 이 컴포넌트는 단순하게 날짜를 선택할
수 있게만 한다는 것이다. 선택된 날짜를 표시하기 위해서는 [블록] 화면에서 별도의
출력 처리를 해야 한다.

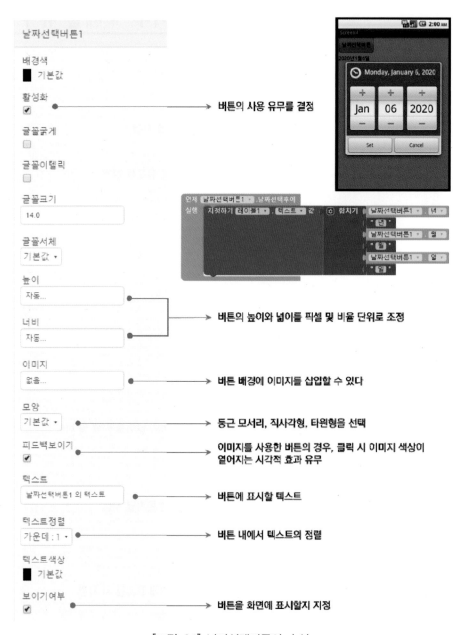

[그림 34] 날짜선택버튼의 속성

❹ **이미지** : 이미지를 화면에 출력하고자 할 때 사용하는 컴포넌트이다. 해당 컴포넌트를 추가하고 [속성] 영역에서 사진 이미지를 등록해야 한다.

– 이미지 컴포넌트는 블록 코딩을 통하여 크기, 각도, 비율 등의 다양한 속성을 변경할 수 있다.

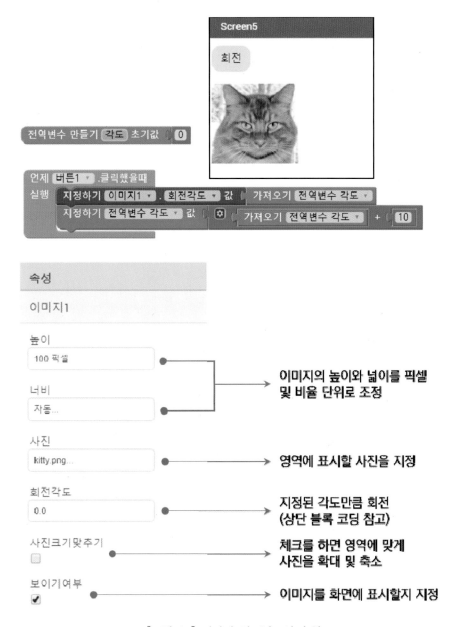

[그림 35] 이미지 컴포넌트의 속성

⑤ 레이블 : 화면에 텍스트을 표시하는 역할을 한다. 가장 많이 사용하는 컴포넌트이며 표시된 텍스트 모양은 [속성] 영역에서 조절 가능하다.

– [여백여부]를 체크하면 글자 크기에 따라 텍스트의 왼쪽에 여백이 생긴다. 여백의 간격은 별도 설정할 수는 없다.

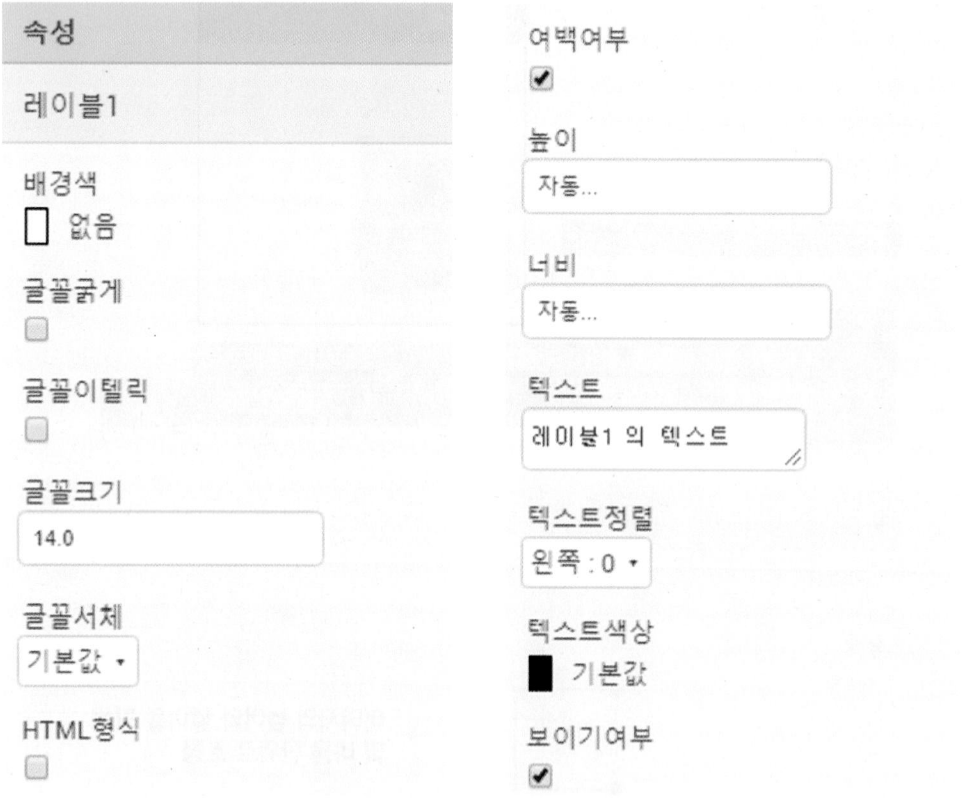

[그림 36] 레이블 컴포넌트의 속성

⑥ **목록선택버튼** : 표시하고자 하는 항목들을 목록화 하여 보여주는 컴포넌트이다. 버튼을 클릭하면 해당 목록이 리스트 되고 선택할 수 있다. 목록은 [속성] 영역의 [목록문자열]에서 해당 목록을 콤마로 구분하여 입력하면 된다.

[그림 37] 목록선택버튼 컴포넌트 속성

⑦ 목록뷰 : 목록선택버튼과 유사하지만 버튼 없이 목록을 보여준다. 특정 항목을 선택하고 지정된 특정 기능을 수행할 수 있도록 코딩할 수 있다.

[그림 38] 목록뷰 컴포넌트의 속성

❽ **알림** : 스마트폰의 알림창을 띄울 때 사용한다. 알림 컴포넌트는 뷰어상에는 표되지
않는다.(보이지 않는 컴포넌트) 블록 코딩시에 적절한 시점에서 해당 알림 컴포넌트을
이용하여 메시지를 출력할 수 있다. [속성] 영역에서 알림 표시 시간을 "짧게" 또는
"길게" 설정할 수 있다.

[그림 39] 알림 컴포넌트 속성과 블록 코딩 예

⑨ **암호텍스트박스** : 일반적으로 비밀번호 등을 입력할 때 노출되지 않도록 "*"로 표시되어 입력하는 컴포넌트이다.

[그림 40] 암호텍스트박스 컴포넌트 속성

⑩ 슬라이더 : 작업의 진행 정도를 표시해주는 용도로 사용하는 컴포넌트이다. 섬네일을
좌우로 움직여 값을 변경할 수도 있고 블록 코딩에서 특정 위치로 변경도 가능하다.
최대/최소값을 [속성] 영역에서 지정할 수 있으며 섬네일 활성화 유무도 변경할 수 있다.

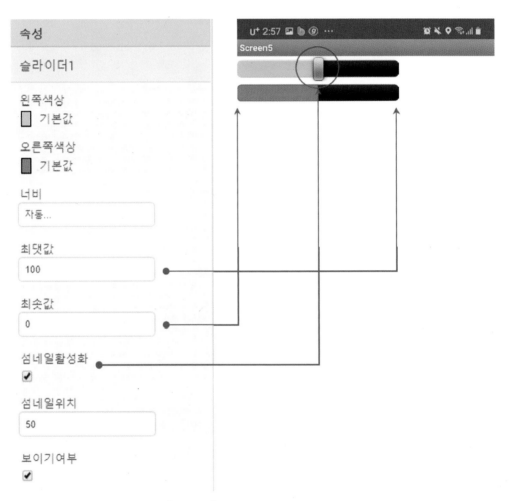

[그림 41] 슬라이더 컴포넌트 속성

⑪ 스피너 : 팝업창을 열어 목록 중 항목을 선택할 수 있는 컴포넌트이다. 일반적으로 소수의 목록에서 선택할 때 주로 이용한다.

[그림 42] 스피너 컴포넌트 속성

⑫ 스위치 : 체크박스와 동일한 기능을 수행하는 컴포넌트로 모양이 On/Off 형태의 스위
　치 모양을 가지고 있다.

[그림 43] 스위치 컴포넌트 속성

⑬ **텍스트박스** : 텍스트를 입력받기 위해 사용하는 가장 일반적인 컴포넌트이다. [속성]을 이용하면 숫자 입력만 제한할 수도 있고 여러 줄 입력, 힌트제시 등의 표시 방법을 변경할 수 있다.

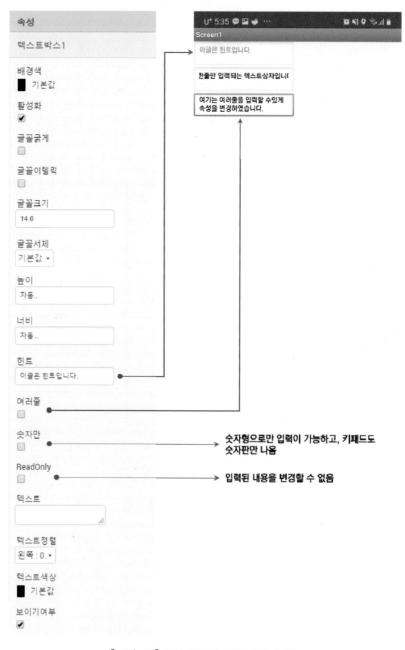

[그림 44] 텍스트상자 컴포넌트 속성

⑭ **시간선택버튼** : 시간을 입력할 수 있다는 점외에는 날짜선택버튼과 동일하다.

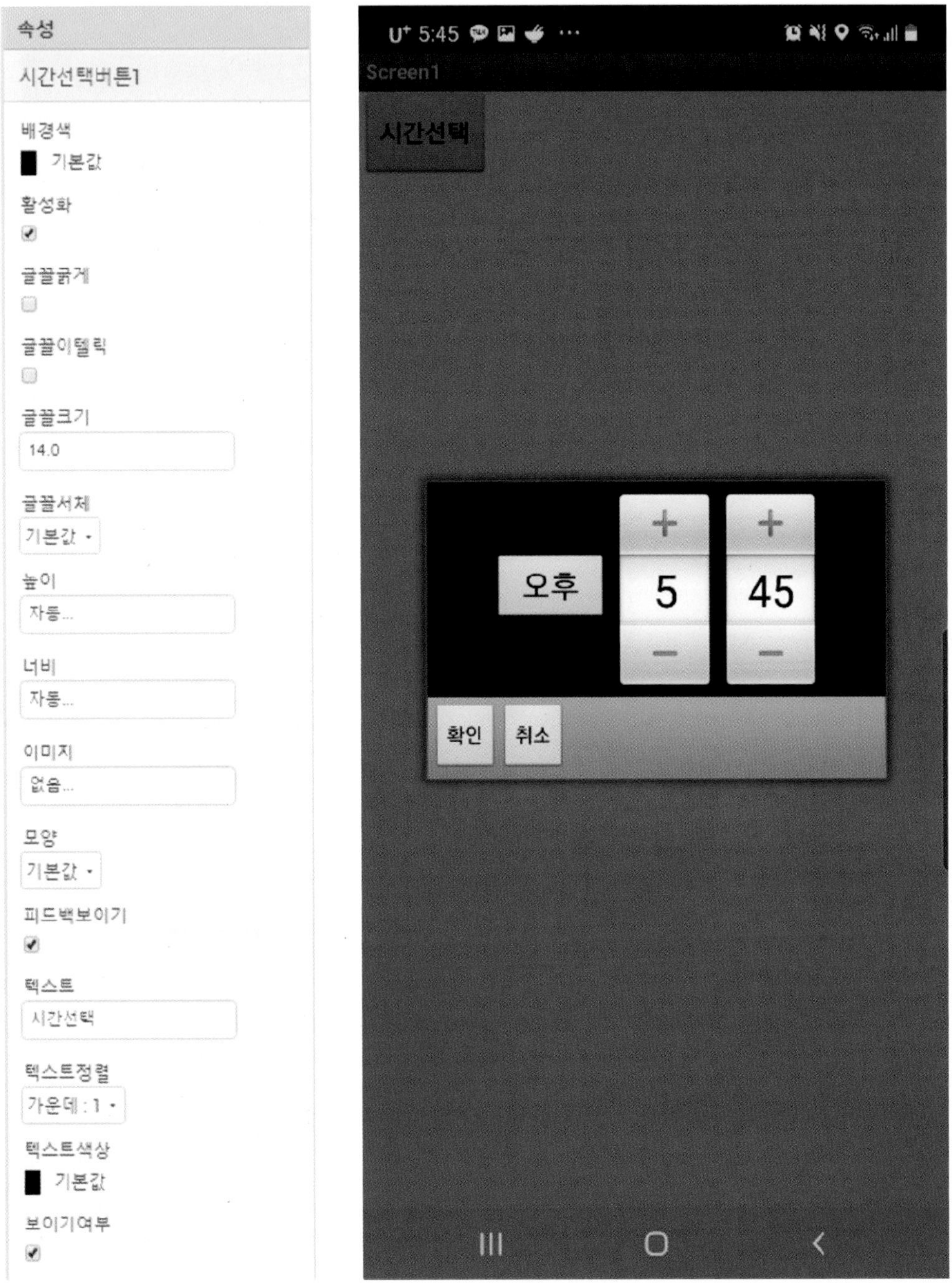

[그림 45] 시간선택버튼 컴포넌트 속성

⑮ 웹뷰어 : 앱 화면에 특정 URL 주소를 지정하면 해당 웹 페이지를 보여주는 컴포넌트
이다.

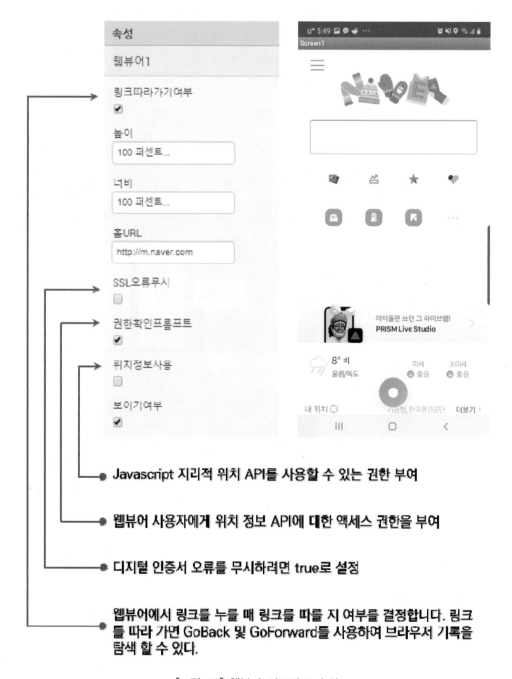

[그림 46] 웹뷰어 컴포넌트 속성

[레이아웃]

레이아웃은 화면에 각 컴포넌트를 원하는 위치에 배치하기 위한 구성 요소이다. 폰에서 동작할 때는 눈에 보이지 않으나 전체적인 컴포넌트의 위치를 바로 잡는 화면 디자인의 핵심적인 요소이다.

레이아웃을 사용하지 않으면 각 컴포넌트들은 세로방향으로 배치된다.

[그림 47] 레이아웃 컴포넌트

❶ **수평배치** : 수평배치는 좌우로 컴포넌트를 배치하는 레이아웃이다. 컴포넌트를 해당 레이아웃으로 드래그하면 파란색으로 삽입 위치를 표시해 준다.

[그림 48] 수평배치 레이아웃

❷ **스크롤가능수평배치** : 수평배치와 동일한 개념이지만 레이아웃 내에 컴포넌트가 많아
지만 자동으로 수평 스크롤 바가 생기는 차이점을 가진다.
- 뷰어 상에서는 차이점을 느낄수 없고 폰에서 동작할 때만 스크롤 바가 생긴다.

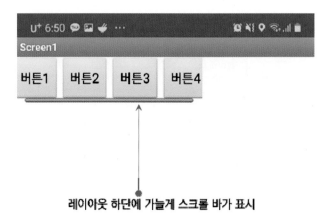

레이아웃 하단에 가늘게 스크롤 바가 표시

[그림 49] 스크롤바에 있는 수평배치 레이아웃

❸ **표형식배치** : 표형식배치는 행렬 모양의 매트릭스에 컴포넌트를 배치하는 레이아웃이
다. 먼저, 속성에서 행과 열의 개수를 지정하면 표 형식의 컴포넌트 포켓이 생긴다.

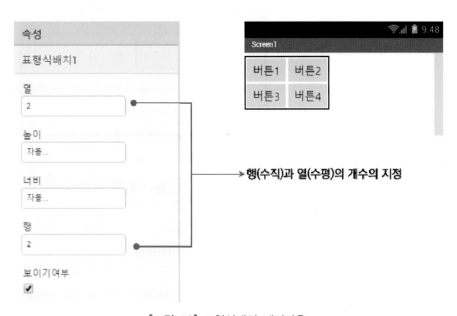

행(수직)과 열(수평)의 개수의 지정

[그림 50] 표형식배치 레이아웃

④ **수직배치** : 수직배치는 상하로 컴포넌트를 배치하는 레이아웃이다. 컴포넌트를 해당
레이아웃으로 드래그하면 파란색으로 삽입 위치를 표시해 준다.

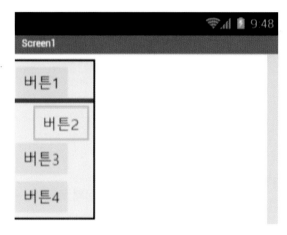

[그림 51] 수직배치 레이아웃

⑤ **스크롤가능수직배치** : 수직배치와 동일한 개념이지만 레이아웃 내에 컴포턴트가 많아
지만 자동으로 수직 스크롤 바가 생기는 차이점을 가진다.

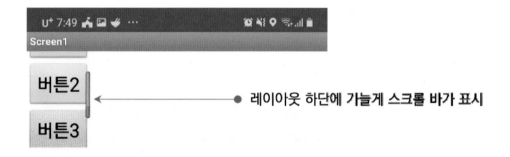

[그림 52] 스크롤바가 있는 수직배치 레이아웃

1.4.3 [블록] 화면

[블록] 화면에는 영역별 명령어에 해당하는 [블록] 영역과 코딩 작업이 이루어지는 [뷰어]
영역으로 구분되어 있다.

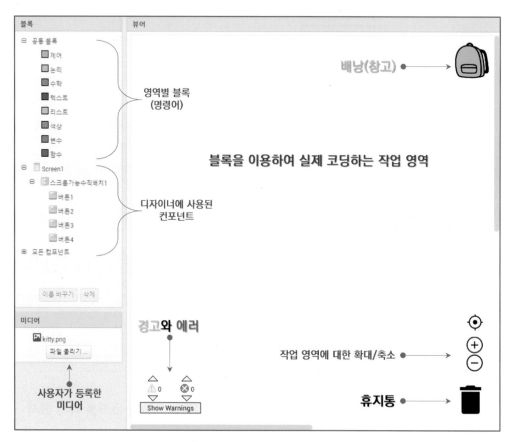

[그림 53] 블록 화면 구조

▶ 배낭(창고) : 자주 사용하거나 이미 작성한 블록 코딩 결과 중 재사용성이 있는 블록 집
합을 저장했다가 필요할 때 꺼내 쓸 수 있는 창고같은 역할을 한다.

▶ 휴지통 : 작업 중 불필요한 블록을 휴지통에 버리면 된다. 휴지통에 들어간 블록은 곧바
로 삭제되기 때문에 유의해야 한다. 작업공간의 모든 블록을 삭제하면 확인 메시지를
통해 최근에 저장된 프로젝트로 복구할 것인지를 묻는다.

▸ **경고와 에러** : 블록을 연결한 구조에 논리적인 에러나 경고의 개수를 표시한다. 경고는 일반적으로 미완성된 블록에 의해 발생하고 오류는 문법적인 잘못이 생길 때 발생한다. 경고와 에러가 많으면 두 버튼(△, ▽)을 통해 해당 블록에 접근할 수 있다.

▸ **공통 블록** : 블록은 텍스트형 프로그래밍 언어에서 명령어와 동일한 의미를 가진다. 숫자나 문자값 지정 등은 직접 입력하지만 그 외 모든 행위에 대한 요소가 블록으로 되어 있다.
  - 사용되는 영역이나 특성에 따라 블록의 색상이 다르게 지정되어 있다. 프로그래밍 언어를 통한 코딩에 사용 될 수 있는 요소를 총 8개의 영역으로 구분한 것이다.
  - 행위 하고자 하는 절차와 논리적 순서에 따라 각 블록을 연결하여 프로그램을 완성한다. 블록 외에도 디자이너 영역에서 사용한 컴포넌트도 속성에 따라 다양한 동작을 할 수 있는 독립적인 블록을 갖는다.
  - 즉, 8개 영역의 공통 블록과 각 컴포넌트별 동작 제어를 위한 블록을 이용하여 코딩하게 되는 것이다. 어떤 컴포넌트가 속성 값을 변경하기 위한 동작을 통상 이벤트(Event)라고 한다.
  - 스마트 폰에서 동작 하는 대부분의 앱은 사용자나 내부적인 이벤트에 의해 실행되기 때문에 Event Driven 방식으로 동작한다.
  - "클릭을 하면 메시지를 출력하시오"에서 클릭은 이벤트가 되고 메시지 출력은 실행에 따른 결과가 되는 것이다.
  - 모든 공통 블록을 한번에 설명하기에는 무리가 있으므로 여기서는 각 영역의 특징적인 부분만 설명하고 상세한 블록사용에 대한 방법은 앞으로 순차적으로 학습한다.

[■ 제어] : 선수학습의 컴퓨팅사고 교과에서 학습한 내용 중 제어를 위한 비교 판단(if & if else), 반복(for, while, do) 등의 구조를 기술할 수 있는 블록들의 집합이다. 이 블록들은 가능하면 영문 버전으로 이해하는 것이 좋다. 오히려 직관적인 이해는 한글보다 영문이 명확하다.

▶ 선택구조(If-Then)

순 서 도	앱 인벤터 제어 블록
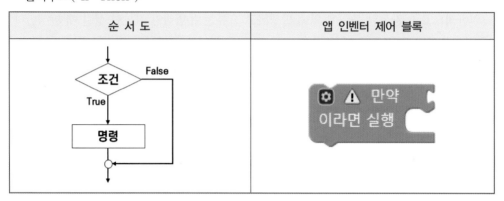	

▶ 선택구조(If-Then-Else)

순 서 도	앱 인벤터 제어 블록
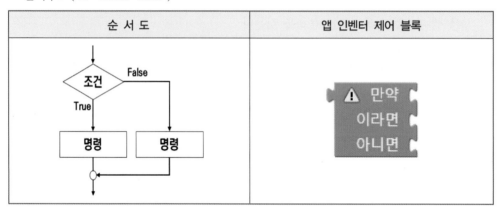	

▶ 반복구조

순 서 도	앱 인벤터 제어 블록
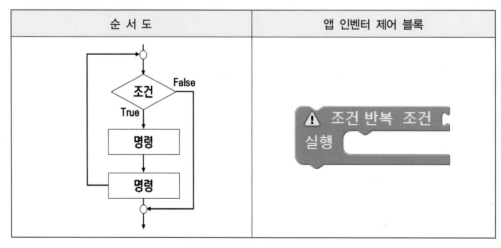	

[■ 논리] : 가장 작은 영역으로 논리적인(true/false) 값 지정과 AND, OR, NOT 연산을 위한 블록이 이 영역에 있다.

▶논리 블록 예시

의미	앱 인벤터 논리 블록
NOT	⚠ 아니다
AND	⚠ 그리고 ▾
OR	⚠ 또는 ▾

[■ 수학] : 산술연산 및 비교연산에 관련된 대부분의 명령 블록이 들어 있는 영역이다. 수치 값 지정, 사칙연산, 나머지 연산, 비트 연산, 난수발생, SQRT, ABS, 올림 및 내림, 삼각함수 등이 이에 속한다.

▶수학 블록 예시

의미	앱 인벤터 수학 블록
사칙연산	⚙ ⚠ [ ] + [ ] ⚠ [ ] - [ ] ⚙ ⚠ [ ] [ ] ⚙ ⚠ [ ] × [ ] ⚠ [ ] / [ ]
비트연산	⚙ ⚠ 비트연산 AND ▾

의미	앱 인벤터 수학 블록
삼각함수	

[■ 텍스트] : 문자열을 가공하고 처리하는 명령 블록들이 있는 집합이다. 문자열을 지정하고, 합치고, 길이를 구하고, 비교하고, 특정 문자나 단어가 포함되어 있는지 검사하는 등의 동작을 한다.

▶ 텍스트 블록 예시

의미	앱 인벤터 텍스트 블록
문자열 상수를 가지는 블록	
여러 문자열을 합쳐서 되돌려 주는 블록	합치기
오른쪽에 연결된 값의 문자 길이를 되돌려 주는 블록	길이
[텍스트]내에 [단어]가 있으면 시작위치를 되돌려 주는 블록 (없으면 0을 되돌여 줌)	텍스트에서 단어 위치찾기 텍스트 단어
오른쪽에 연결된 문자열을 대문자나 소문자로 바꾸는 블록	대문자 ▼

[■ 리스트] : 리스트는 효율적인 코딩을 위한 필요한 일종의 자료구조에 해당한다. 하나의 공간에 하나의 값만 저장하는 것이 일반적이다. 하지만 리스트는 명칭적으로 는 하나의 공간이지만 내부에 여러 항목으로 구성된 목록을 저장할 수 있다. 목록은 문자열, 숫자 등도 있지만 컴포넌트도 저장이 가능하다. 하지만 하나의 리스트에는 동일한 성격의 항목들이 저장되어야 한다.

▶ 리스트 블록 예시

의미	앱 인벤터 리스트 블록
여러 항목을 가질수 있는 빈 리스트를 만드는 블록	빈 리스트 만들기
여러 항목 값을 이용하여 리스트를 만드는 블록	리스트 만들기
기존 리스트에 항목을 추가하는 블록	항목 추가하기 리스트 item
특정 리스트의 항목의 갯수를 되돌려 주는 블록	길이 구하기 리스트
해당 리스트에 [항목]이 있으면 위치값을 되돌려주는 블록(없으면 0을 되돌려줌)	위치 구하기 항목 리스트

[■■■■■■ 색상] : 화면의 모든 요소에 대한 색상을 위한 색상 값과 RGB값을 이용한 색상 생성, 색상에서 REG 값을 추출하는 기능적 블록이 이에 속한다.

▶ 색상 블록 예시

의미	앱 인벤터 색상 블록
다양한 색상 값을 가지는 블록	
RGB 코드값을 이용하여 색상을 만드는 블록	색상 만들기 리스트 만들기 255 0 0
오른쪽 색상에서 RGB값을 분리하여 리스트로 되돌려 주는 블록	색상 분리하기

[■ 변수] : 전역변수와 지역변수의 초기화, 변수값 지정 및 읽어오기 등의 변수에 관한 블록이 있다.

▸ 변수 블록 예시

의미	앱 인벤터 변수 블록
전역변수을 만들고 초기값을 지정하는 블록	전역변수 만들기 이름 초기값
특정 범위에만 효력을 발생하는 지역변수을 지정하는 블록	지역변수 만들기 이름 초기값 실행

[■ 함수] : 함수는 프로시저(Procedure)라고도 하는데, 특정한 이름으로 저장된 블록의 집합을 의미한다. 이 때 집합은 단위 기능을 위한 완성된 프로그램이라고 봐도 된다.

▸ 함수 블록 예시

의미	앱 인벤터 함수 블록
반환값이 없는 함수를 만드는 블록	함수 만들기 함수 실행
반환값이 있는 함수를 만드는 블록	함수 만들기 procedure 결과값 반환

변수(Variables)의 개념 이해

프로그래밍에서 변수는 저장 공간의 상징적이 이름에 해당한다. 어떤 값을 계산한 후 일정 시간 동안 계산된 결과를 어딘가에는 보관(저장)을 해 두어야 한다. 무엇이 필요한가? 바로 저장될 기억장소이다. 우리는 이 기억장소를 이제부터 변수라고 부른다.

앱 인벤터에서 사용하는 변수는 전역변수(Global Variable)와 지역변수(Local Variable) 두 가지이다.

전역변수는 모든 영역에서 사용할 수 있는 변수이다. 프로시저나 특정 이벤트 내에서도 사용할 수 있다. 그래서 [뷰어] 영역에서 중복이 허락되지 않는 독립적인 변수이다.

지역변수는 특정 블록 내에서 통용되는 변수이고 블록 구간을 벗어나면 자동으로 소멸된다. 그래서 외부 영역에서는 식별할 수 없는 변수이다.

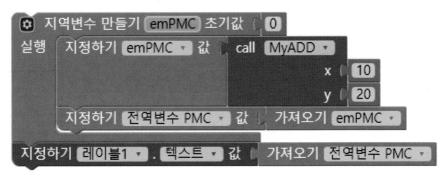

위 예시 블록 코딩에서 변수는 PMC와 emPMC 두 개다. PMC는 전역변수이므로 어느 곳에서나 식별될 수 있지만 emPMC는 지역변수이므로 [지역변수 만들기] 실행 영역을 벗어나면 소멸된다.

변수에 담기는 자료의 유형에는 숫자형, 문자형, 논리형 세 가지가 있다.

| 숫자형(정수, 실수) | 문자형(단일문자, 문자열) | 논리형(참, 거짓) |

함수(Procedure)의 개념 이해

함수는 기본적으로 독립적인 식별자인 함수명과 함수에게 전달되는 인수(Arguments), 함수의 반환 결과값(Return value)으로 구성된다. 함수을 작성하고 미리 이름를 지정하여 만들어 두면 원할 때 호출(Call)를 통해 해당 함수을 실행할 수 있다. 인수는 사용자가 원하는 만큼의 복수개를 전달할 수 있다.

위 블록이 함수 블록으로 생성된 예제이다. 함수이름을 MyADD 라고 하였고 함수 호출시에 두 개의 인수를 x와 y에 받는다. 그리고 두 변수 값을 더하여 결과값으로 반환하는 함수이다.

두 수를 더하여 결과를 얻고 싶다면 다음과 같이 MyADD 함수을 호출하면 된다. 10과 20를 전달하였고 더한 결과를 [레이블1] 컴포넌트에 표시하는 동작을 하게 된다.

함수는 모듈화 코딩을 통한 효율적인 동작을 명시할 수 있으므로 개념적인 내용을 꼭 이해하고 차후에 적용할 수 있는 관계까지 학습하기를 바란다.

1.5 블록의 기본 이해

블록 코딩을 위한 다양한 블록들의 기능은 실습을 통하여 단계적으로 이해하면 된다. 여기서는 가장 기본적인 블록의 모양에 대한 이해를 하고자 한다. 블록은 생긴 모양에 따라 특징을 가지고 있다.

블록의 머릿 모양은 다음과 같은 종류가 있다.

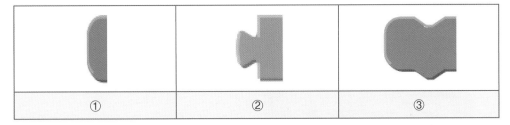

| ① | ② | ③ |

🔵 이 블록은 블록의 위치에 관계없이 독립적으로 동작(실행)될 수 있는 요소를 의미한다. 이러한 블록은 어떤 블록에도 끼워지지 않는 독립적인 블록이며 다른 블록을 내부로 포함시킬 수 있는 블록이다.

변수를 지정하는 경우 :

독립적인 함수을 정의하는 경우 :

컴포넌트에서 특정 이벤트를 발생할 경우 :

내부적으로 발생되는 이벤트의 경우 :

❷ 이 블록은 독립적으로 수행할 수 없으며 항상 특정 블록에 끼워져야 의미가 있는 블록
이다. 대부분의 [공통 블록]은 이 블록에 해당한다. 특정 값을 가지고 있지만 그 값은
상수나 동작의 결과를 가지는 연산식에 우변에 해당한다고 생각하면 된다. 예를 들어,
A=B+C 라는 연산식이 있을 경우 B+C가 이 블록에 해당한다.

다양한 상수 값을 가지는 경우 :

특정 컴포넌트의 속성 값을 가지는 경우 :

연산식의 좌변에 있는 산술식의 경우 :

❸ 이 블록은 수행은 가능하나 독립적인 외부에 위치할 수는 없고 ①번 블록에 포함되어야 동작하는 블록을 의미한다. 연산식의 경우에는 결과를 담는 좌변에 있는 변수나 컴포넌트의 경우에는 특정 속성 값을 지정할 때 주로 사용된다. 예를 들어, A=B+C 라는 연산식이 있을 경우 A가 이 블록에 해당한다.

그리고 이 블록은 상하에 다른 ③ 유형의 블록을 위치할 수 있다.

특정 컴포넌트의 속성 값을 지정할 경우 :

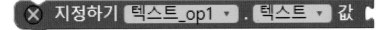

반복이나 조건을 판단하는 제어문의 경우 :

컴포넌트의 특정 메소드(기능)를 호출하는 경우 :

호출 텍스트_op1 ▾ .키보드화면숨기기

호출 텍스트_op1 ▾ .포커스요청하기

CHAPTER

02

논리적 절차 익히기

기초코딩과 문제해결_with APP INVENTOR

02 논리적 절차 익히기

코딩은 정해져 있는 텍스트를 입력하는 문서작성이나 발표 자료를 만드는 디자인 작업이 아니며 암기 학습은 더더욱 거리가 멀다. 우리가 학습하고자 하는 코딩은 특정 문제를 해결하기 위한 효과적인 방법을 명세화하는 과정이다. 이 장에서는 단편적인 문제를 해결하기 위한 표현과 적용방법에 대해 학습한다.

2.1 조건 판단을 통한 큰 수 찾기

문제 : 입력된 두 수 중에서 큰 값을 출력하는 프로그램을 작성하시오.

코 드 명	App_Q1_max
요구사항	• 두 개의 텍스트 박스에 숫자를 입력하고 비교 버튼을 누르면 큰 값을 특정 변수에 저장하고 화면 하단 레이블에 출력하는 앱을 구현하시오.
수행능력	• 보조적인 기억장소를 위한 변수를 사용할 수 있다. • 조건 비교를 위한 코딩을 할 수 있다.
미리보기	

2.1.1 UI 설계

컴포넌트	미리보기
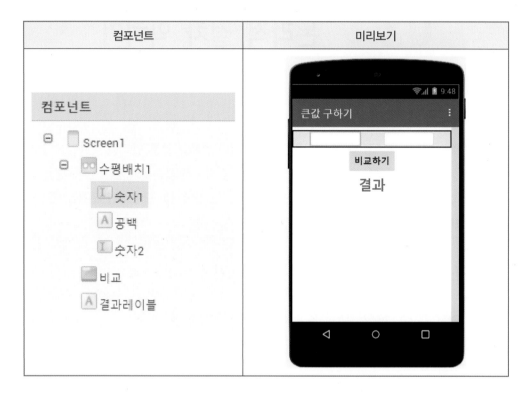	

2.1.2 컴포넌트 속성

컴포넌트	유형	속성지정
Screen1	스크린	• 앱이름 : "App_Q1_max" • 제목 : "큰값 구하기"
수평배치1	레이아웃 – 수평배치	• 수평정렬 : 가운데 • 배경색 : 없음 • 너비 : 부모 요소에 맞추기
숫자1	사용자인터페이스 – 텍스트박스	• 너비 : 100픽셀 • 힌트 : "숫자입력" • 텍스트 : 가운데:1 • 숫자만 : 체크 • 글꼴크기 : 16 • 글꼴굵게 : 체크

컴포넌트	유형	속성지정
공백	사용자인터페이스 - 레이블	• 너비 : 30픽셀 • 텍스트 : " "
숫자2	사용자인터페이스 - 텍스트박스	• 너비 : 100픽셀 • 힌트 : "숫자입력" • 텍스트 : 가운데:1 • 숫자만 : 체크 • 글꼴크기 : 16 • 글꼴굵게 : 체크
비교	사용자인터페이스 - 버튼	• 텍스트 : "비교하기" • 글꼴크기 : 20
결과레이블	사용자인터페이스 - 레이블	• 글꼴크기 : 30 • 텍스트 : "결과" • 텍스트색상 : 빨강

❶ 상단 [프로젝트] 메뉴에서 [새 프로젝트 시작하기] 메뉴를 선택하거나 [새 프로젝트 시작하기] 버튼을 누르면 새로운 앱 인벤터 프로젝트 만들기 대화상자가 나타난다.

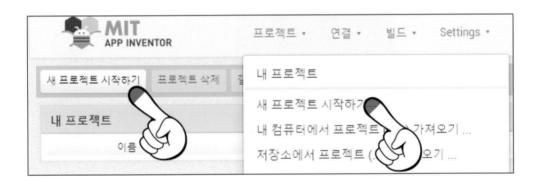

❷ 하단의 대화상자에 프로젝트 이름(App_Q1_max)을 입력하고 확인 버튼을 누른다. 프로젝트 이름은 영문자와 숫자 및 _를 혼합하여 사용할 수 있으면 첫 글자는 영문자로 지정하여야 한다. 첫 글자가 영문자가 아니면 하단에 안내 메시지가 나타난다.

③ [컴포넌트] 영역에 기본적으로 화면에 해당하는 [Screen1]이 만들어져 있다. [속성] 창에서 화면에 대한 기본적인 특성을 지정한다. 앱 이름은 프로젝트명으로 자동 지정 되어 있으며 간단히 하단의 테마를 "장치 기본값", 제목을 "큰값 구하기"라고 지정한다.

④ UI 설계에서 언급한 컴포넌트를 뷰어 화면에 배치한다.

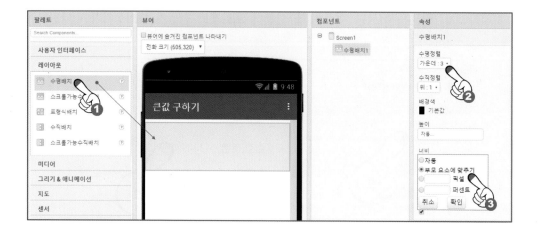

먼저, [레이아웃] 팔레트에서 [수평배치]를 뷰어에 배치하고 [속성] 영역에서 수평정렬 은 "가운데:3", 너비는 "부모 요소에 맞추기"를 지정한다.

⑤ [사용자인터페이스] 팔레트에서 [텍스트박스]와 [레이블]를 뷰어에 다음과 같이 배치 한다. 그리고 각각 [이름바꾸기]를 이용하여 [숫자1], [공백], [숫자2]라고 변경한다.

중간에 있는 레이블 컴포넌트는 두 텍스트박스에 간격을 주기 위함이다.

⑥ 그리고 텍스트박스와 레이블 컴포넌트의 속성은 다음과 같이 설정한다.

텍스트박스에는 숫자만 입력되어야 하기 때문에 [숫자만] 속성을 체크한다. 그리고 컴
포넌트의 너비는 "100 픽셀"로 지정한다.

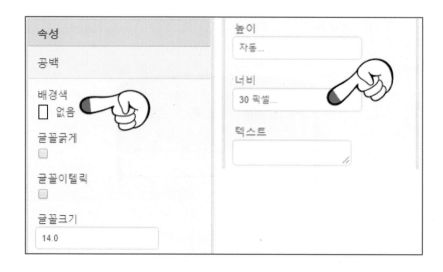

레이블 컴포넌트는 간격을 두기위한 목적이므로 [너비] 를 "30픽셀"로 지정한다.

⑦ 하단에 버튼 컴포넌트를 배치하고 이름을 [비교]로 바꾼다. 그리고 [속성] 영역에서 글꼴크기(20), 텍스트("비교하기"), 텍스트정렬(가운데:1)을 변경한다.

⑧ 마지막으로 결과 출력을 위한 레이블 컴포넌트를 아래에 배치한다. 이름은 "결과레이
블", 글꼴크기는 30, 텍스트색상은 "빨강"으로 지정한다.

이상으로 요구사항에서 언급한 컴포넌트의 배치는 모두 완료되었다. 이제 [블록] 화면
에서 두 숫자를 입력하고 [비교하기] 버튼을 누르면 큰 값을 [결과레이블]에 출력하도
록 코딩해보자.

2.1.3 Block Coding

■ 최종 블록 코딩 미리보기

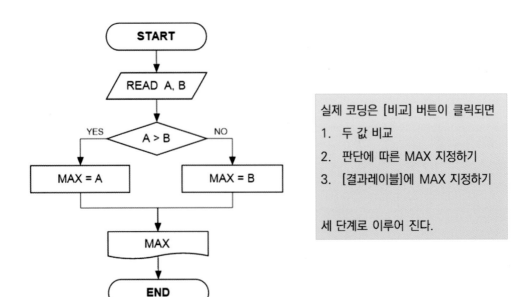

② 블록 코딩을 위한 문제 분석

단순한 문제이지만 구조적으로 어떤 흐름으로 문제를 해결할 수 있는지 아래 순서도를 통하여 확인해 보자. 텍스트 박스를 각각 A, B라고 하고, 임시 변수를 MAX라고 하면, 아래와 같이 전체적인 흐름을 표현할 수 있을 것이다.

실제 코딩은 [비교] 버튼이 클릭되면
1. 두 값 비교
2. 판단에 따른 MAX 지정하기
3. [결과레이블]에 MAX 지정하기

세 단계로 이루어 진다.

③ 블록 코딩 절차

① 먼저 전역변수를 하나 만들어야 한다. [공통 블록]의 [변수] 목록에서 [전역변수 만들기] 블록을 추가하고 이름을 "MAX"로 수정한다. 그리고 [수학] 목록에서 [0] 블록을 가져와서 초기값으로 끼워 넣는다.

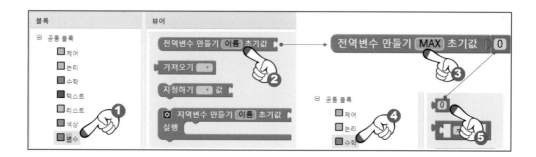

② [비교] 버튼이 클릭되면 비교 동작이 시작되어야 하므로 해당 이벤트 블록을 가져온다. 블록은 [블록] 영역에서 [비교] 를 선택하고 상단의 [언제..클릭 했을 때] 블록을 가져온다.

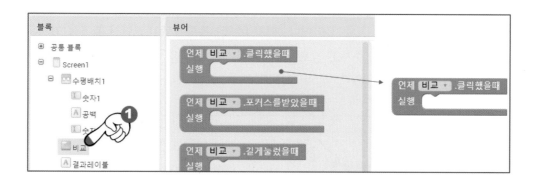

③ 순서도에 따라 가장 먼저 행해지는 명령은 텍스트박스의 두 숫자를 비교하는 문장이다. 이를 위하여 [공통 블록]의 [제어] 목록에서 [만약-이라면-실행] 블록을 선택하고 클릭 이벤트 내부에 끼워 넣는다.

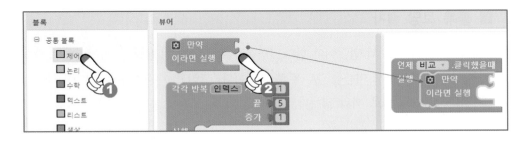

그리고 만족할 때와 만족하지 않을 때 각각 수행 문장이 필요하므로 [만약] 블록의 파란색 옵션제어(⚙) 버튼을 클릭하여 [아니라면] 블록을 추가한다.

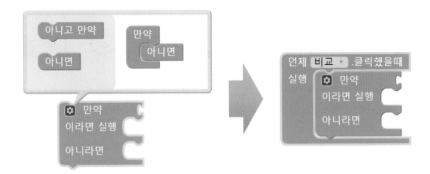

④ 비교할 조건은 "숫자1 〉 숫자2" 이다. 먼저 [수학] 목록에서 비교연산 블록을 가져온다. 그리고 [숫자1]과 [숫자2] 컴포넌트에서 텍스트 속성을 가져와서 양쪽에 끼워 넣는다. 그리고 비교연산을 "〉"로 변경한다.

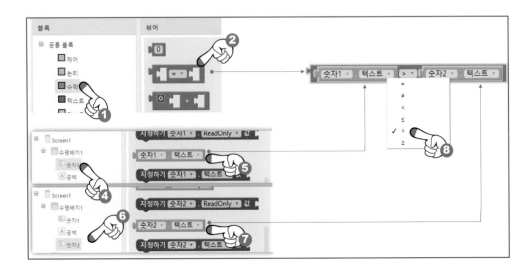

⑤ 조건을 만족하면(이라면 실행) [숫자1]이 크다는 의미이므로 MAX 변수에 [숫자1]의
   텍스트 값을 지정하면 된다. 아니라면 [숫자2]의 텍스트 값을 지정한다. [변수] 목록에
   서 [지정하기] 블록을 가져온다. 그리고 [숫자1] 컴포넌트에서 텍스트 블록을 선택하
   여 끼워 넣으면 된다.

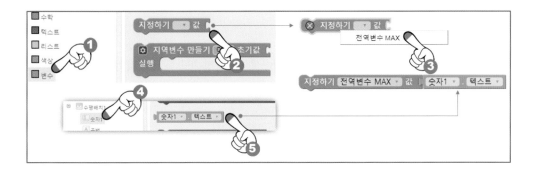

⑥ 위 전역변수 지정하기 블록에서 마우스 오른쪽 버튼을 눌러 [복제하기] 하여 두개로
   만들고 아래와 같이 [이라면 실행]과 [아니라면] 영역에 끼워 넣고 [아니라면] 영역의
   텍스트 값은 [숫자2]로 바꾼다.

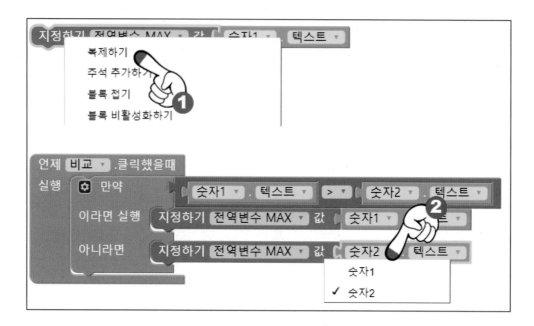

※ 물론, 변수에 지정하지 않고 바로 [결과레이블]에 지정해도 관계없지만 변수에 대한 개념을 학습하기 위한 목적으로 생각하면 된다.

⑦ 마지막으로 [전역변수 MAX]을 [결과레이블]에 지정하면 된다.

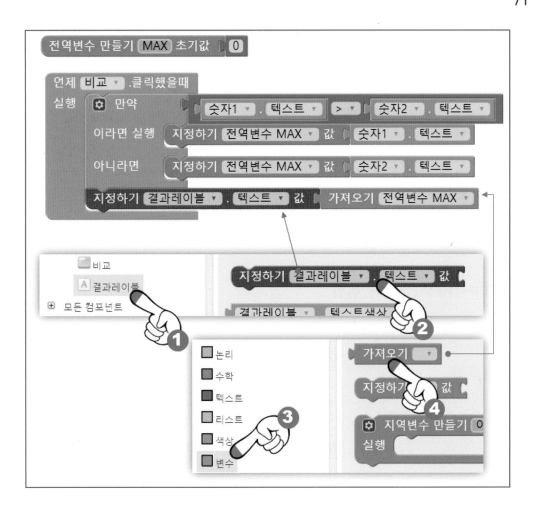

여기서 잠시, 다양한 [만약] 블록과 순서도의 관계를 정리해 보자.

④ IF-THEN 유형

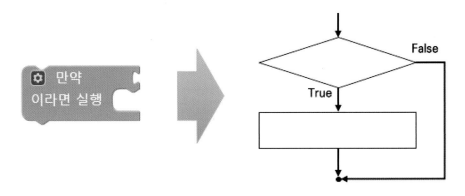

⑤ IF-THEN-ELSE 유형

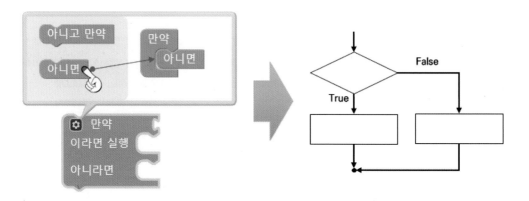

⑥ IF-THEN-ELSE IF 유형

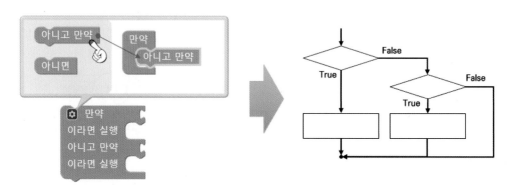

⑦ IF-THEN-ELSE IF-ELSE 유형

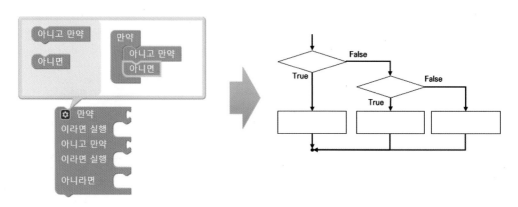

2.2 다중 조건 판단을 이용한 학점 구하기

문제 : 중간고사와 기말고사 성적을 입력받아 학점을 출력하는 프로그램을 작성하시오.

코 드 명	App_Q2_grade
요구사항	• 두 점수를 입력받아 평균을 구하고 평균에 따라 학점을 구하여 화면 하단 레이블에 출력하는 앱을 구현하시오. • 학점기준 : 90점 이상 A, 80~89점 B, 70~79점 C, 60~69점 D, 60점 미만 F
수행능력	• 보조적인 기억장소를 위한 변수를 사용할 수 있다. • 조건 비교를 위한 코딩을 할 수 있다. • 다중 조건을 이용하여 코딩할 수 있다.
미리보기	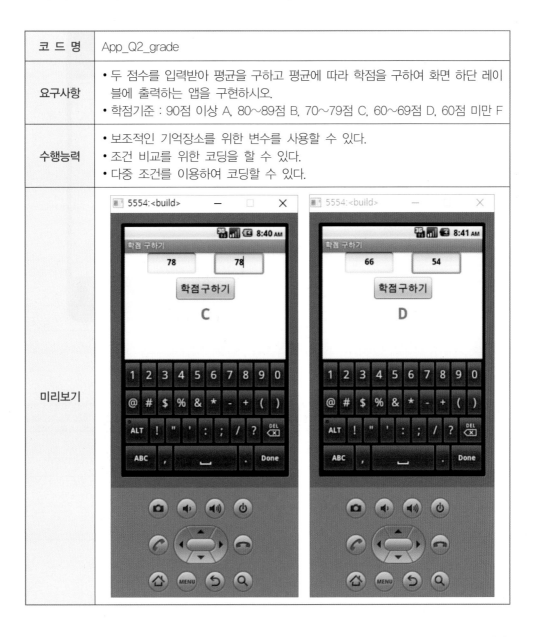

※ 컴포넌트 배치는 App_Q1_max 실습결과를 그대로 사용하고 버튼의 텍스트 속성만 학점 구하기로 변경

2.2.1 UI 설계

컴포넌트	미리보기
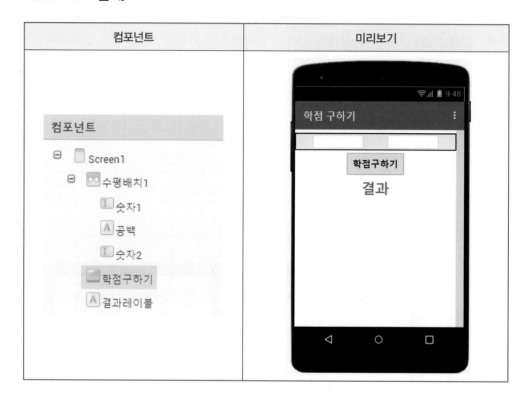	

2.2.2 컴포넌트 속성

컴포넌트	유형	속성지정
Screen1	스크린	• 앱이름 : "App_Q1_grade" • 제목 : "학점 구하기"
수평배치1	레이아웃 – 수평배치	• 수평정렬 : 가운데 • 배경색 : 없음 • 너비 : 부모 요소에 맞추기
숫자1	사용자인터페이스 – 텍스트박스	• 너비 : 100픽셀 • 힌트 : "숫자입력" • 텍스트 : 가운데:1 • 숫자만 : 체크 • 글꼴크기 : 16 • 글꼴굵게 : 체크

컴포넌트	유형	속성지정
공백	사용자인터페이스 – 레이블	• 너비 : 30픽셀 • 텍스트 : ""
숫자2	사용자인터페이스 – 텍스트박스	• 너비 : 100픽셀 • 힌트 : "숫자입력" • 텍스트 : 가운데:1 • 숫자만 : 체크 • 글꼴크기 : 16 • 글꼴굵게 : 체크
학점구하기	사용자인터페이스 – 버튼	• 텍스트 : "학점구하기" • 글꼴크기 : 20
결과레이블	사용자인터페이스 – 레이블	• 글꼴크기 : 30 • 텍스트 : "결과" • 텍스트색상 : 빨강

❶ 이번 프로젝트는 이전 App_Q1_max 프로젝트를 그대로 사용할 것이다. 상단 [프로젝트] 메뉴에서 [프로젝트 다른 이름으로 저장] 하여 프로젝트를 복사한다.

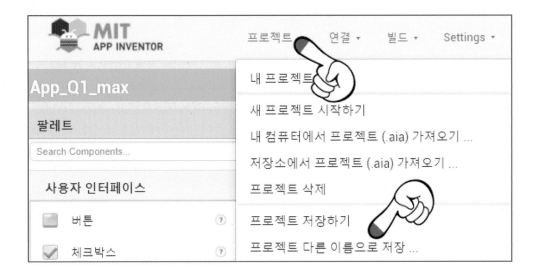

❷ 하단의 대화상자에 새 이름(App_Q2_grade)을 입력하고 확인 버튼을 누른다.

다른 이름으로 저장 - App_Q1_max

새 이름:　　　App_Q2_grade

취소　　　　　확인

③ 기존 프로젝트에서 컴포넌트의 배치는 그대로 유지하고 [Screen1]의 속성 중에서 앱
이름과 제목만 수정하고 기존 [비교] 버튼을 [학점구하기] 버튼으로 이름을 변경하고
텍스트 속성을 바꾼다.

그 외 컴포넌트는 그대로 사용하고 블록 코딩만 주어진 문제에 맞게 작성한다. 이제
[블록] 화면에서 두 숫자를 입력하고 [학점구하기] 버튼을 누르면 평균을 구하고 학점
구간을 비교하여 [결과레이블]에 학점을 출력하도록 코딩해보자.

2.2.3 Block Coding

① 최종 블록 코딩 미리보기

② 블록 코딩을 위한 문제 분석

아래 순서도를 먼저 살펴보자. MID와 FIN 은 텍스트박스 컴포넌트에 해당하므로 별도의
변수정의가 필요 없다. 평균을 위한 AVG와 학점을 저장하는 HAK 이라는 두 변수의 정
의가 필요하다. 그리고 조건문이 많기 때문에 이전 학습에서 언급한 IF-THEN-ELSE
IF.. 구조가 연속적으로 필요하다. 학점이 다섯 구간이기 때문에 비교를 위한 조건문은
총 4가지이다.

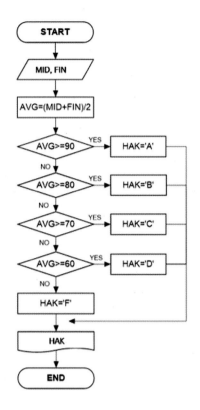

[학점구하기] 버튼이 클릭되면
1. 평균(AVG)을 구하기
2. 조건을 비교하여 학점(HAK)을 구하기
   - 다중 조건문을 사용
3. [결과레이블]에 학점(HAK)을 지정하기

세 단계로 이루어 진다.

3 블록 코딩 절차

① 먼저 전역변수를 두개 만들어야 한다. [공통 블록]의 [변수] 목록에서 [전역변수 만들기] 블록을 추가하고 이름을 "AVG"로 수정한다. 그리고 동일한 방법으로 "HAK"변수를 만든다. [AVG] 초기값은 [수학] 목록에서 [0] 블록을 가져와서 초기값으로 끼워 넣고 [HAK] 초기값은 [문자] 목록에서 빈 상수 블록을 가져와서 끼워 넣는다.

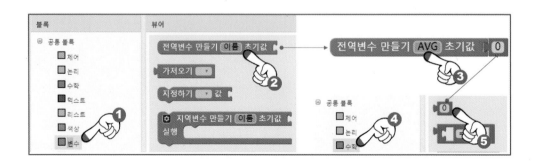

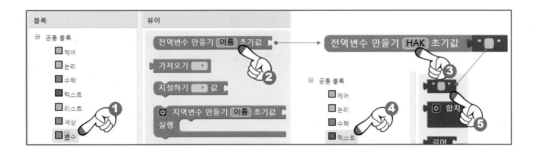

② [학점구하기] 버튼이 클릭되면 동작이 시작되어야 하므로 해당 이벤트 블록을 가져온다. 블록은 [블록] 영역에서 [학점구하기] 를 선택하고 상단의 [언제.클릭했을때] 블록을 가져온다.

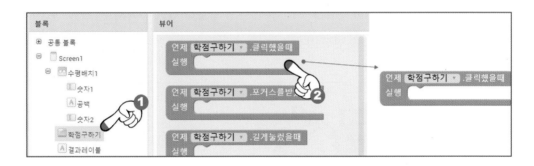

③ 순서도에 따라 가장 먼저 행해지는 명령은 텍스트박스의 두 숫자를 더하여 2로 나눈 평균을 구해야 한다. 구한 평균을 [AVG] 변수에 지정해야 하므로 가장 먼저 [공통 블록]의 [변수] 목록에서 [지정하기] 블록을 가져와서 클릭 이벤트 블록에 끼워 넣는다. 그리고 변수에는 AVG로 변경하고 값에는 나누기 연산을 위하여 [공통 블록]의 [수학] 목록에서 [나누기] 블록을 가져와서 끼워 넣는다.

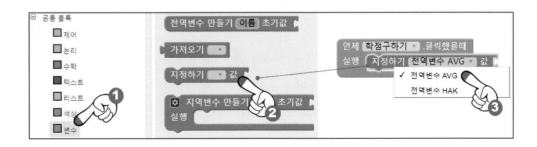

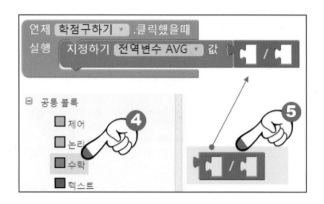

④ [나누기] 블록의 왼쪽 칸에는 두 텍스트박스의 더한 값이 들어가야 하므로 [수학] 목록
에서 덧셈 블록을 가져와서 끼워 넣는다. 그리고 덧셈의 빈 칸에는 각각 [숫자1]과 [숫
자2]의 텍스트 값을 끼워 넣는다. 그리고 나누기 블록의 오른쪽 칸에는 [수학] 목록에
서 0 블록을 가져와 2로 변경한다.

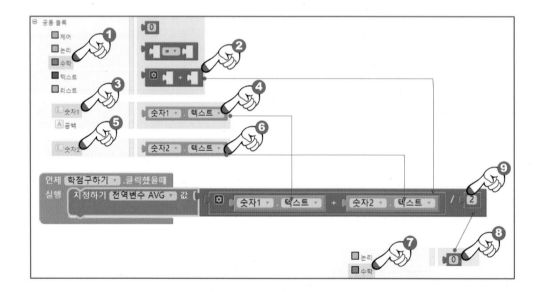

⑤ 평균이 구해졌으므로 학점을 구하기 위하여 비교판단을 해야 한다. 앞서 언급했듯이
구간이 5개 이므로 조건문은 4개이다. [제어] 목록에서 [만약–이라면–실행] 블록을
가져와서 블록 파란색 옵션제어(⚙) 버튼을 클릭하여 [아니고 만약] 블록은 3개 [아니
면] 블록을 하나 추가한다.

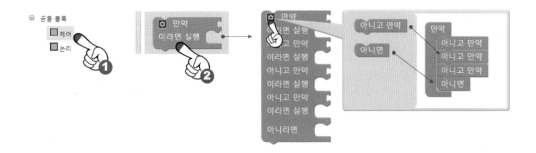

⑥ 각 조건은 [AVG]변수와 상수 값을 비교하는 것이다. [수학] 목록에서 비교 블록을 가져와서 첫 번째 [만약] 조건에 끼워 넣는다. 그리고 왼쪽 칸에는 [AVG] 변수를 가져오고 오른쪽 칸에는 [수학] 목록의 0 블록을 가져온다. 비교연산은 ≥으로 지정한다.

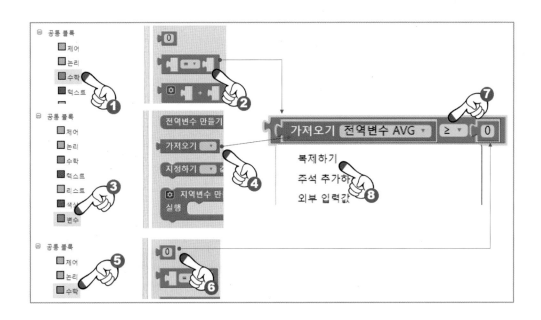

그리고 조건 블록 전체를 [복제하기]하여 4개를 만들고 0 블록을 90, 80, 70, 60으로 각각 변경한다.

➐ 각 조건이 만족하면 [HAK] 변수에 문자열 상수 값으로 "A", "B", "C", "D", "F"를 지
정하면 된다.

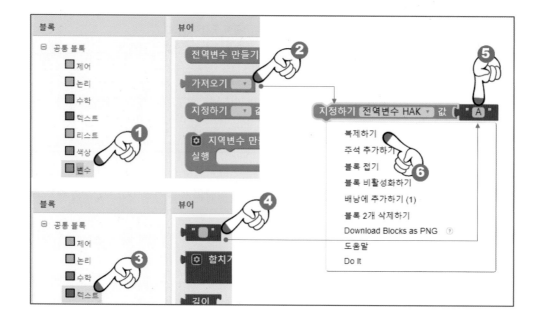

⑧ 복제한 각 블록은 [실행] 부분에 끼워 넣으면 된다. 그리고 전체 조건문은 다음과 같이
[학점구하기] 하위에 끼워 넣는다.

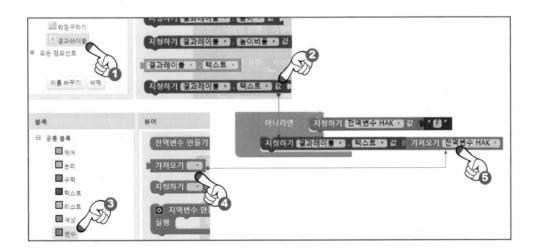

⑨ 마지막은 [HAK] 변수에 있는 내용을 [결과레이블]로 지정하면 된다.

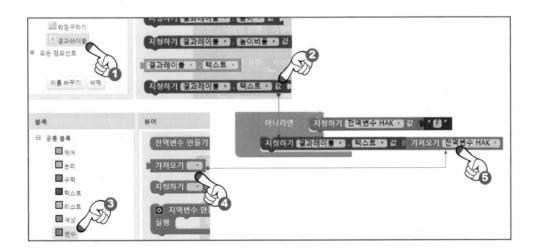

2.3 논리 연산을 통한 복수 조건 할인 금액 구하기

문제 : 나이에 따른 할인 가격을 계산하여 판매금액을 출력하는 프로그램을 작성해 보자.

코 드 명	App_Q3_sale
요구사항	• 나이와 가격을 입력받아 나이에 따른 할인율을 적용하여 판매금액을 출력하는 앱을 구현한다. • 할인율 기준 : 18세 이하 70세 이상은 20%, 60~69세는 15%, 그 외는 0%
수행능력	• 보조적인 기억장소를 위한 변수를 사용할 수 있다. • 조건 비교를 위한 코딩을 할 수 있다. • 논리 연산자를 이용하여 복수 조건을 처리할 수 있다.
미리보기	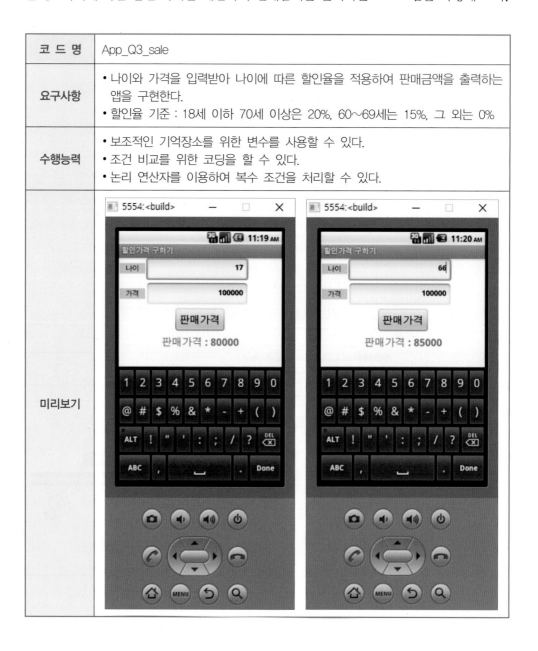

2.3.1 UI 설계

컴포넌트	미리보기

2.3.2 컴포넌트 속성

컴포넌트	유형	속성지정
Screen1	스크린	• 앱이름 : "App_Q3_sale" • 제목 : "할인가격 구하기"
입력배치	레이아웃 – 표형식배치	• 열 : 2 • 행 : 2 • 너비 : 부모 요소에 맞추기
레이블1	사용자인터페이스 – 레이블	• 배경색 : 분홍 • 글꼴굵기 : 체크 • 너비 : 50 픽셀 • 텍스트 : "나이" • 텍스트정렬 : "가운데:1"

컴포넌트	유형	속성지정
레이블2	사용자인터페이스 - 레이블	• 배경색 : 분홍 • 글꼴굵기 : 체크 • 너비 : 50 픽셀 • 텍스트 : "가격" • 텍스트정렬 : "가운데:1"
나이	사용자인터페이스 - 텍스트박스	• 너비 : 200픽셀 • 힌트 : "나이입력" • 텍스트정렬 : "오른쪽:2" • 숫자만 : 체크 • 글꼴크기 : 15 • 글꼴굵게 : 체크
판매가격	사용자인터페이스 - 버튼	• 텍스트 : "판매가격" • 글꼴크기 : 20
결과레이블	사용자인터페이스 - 레이블	• 글꼴크기 : 20 • 너비 : "부모 요소에 맞추기" • 텍스트 : "얼마?" • 텍스트색상 : 빨강

❶ 상단 [프로젝트] 메뉴에서 [새 프로젝트 시작하기] 메뉴를 선택하거나 [새 프로젝트 시작하기] 버튼을 누르면 새로운 앱 인벤터 프로젝트 만들기 대화상자가 나타난다.

❷ 하단의 대화상자에 프로젝트 이름(App_Q3_sale)을 입력하고 확인 버튼을 누른다. 프로젝트 이름은 영문자와 숫자 및 _를 혼합하여 사용할 수 있으면 첫 글자는 영문자로 지정하여야 한다. 첫 글자가 영문자가 아니면 하단에 안내 메시지가 나타난다.

새로운 앱인벤터 프로젝트 만들기

프로젝트 이름: App_Q3_sale

취소   확인

❸ UI 설계에서 언급한 컴포넌트를 뷰어 화면에 배치한다. 먼저, Screen1의 속성은 다음 과 같다.

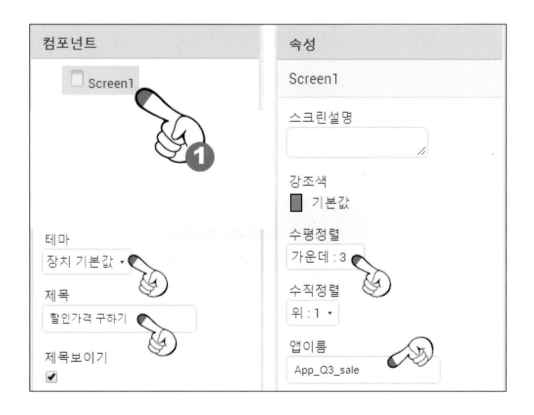

❹ 나이와 가격에 해당하는 레이블과 텍스트박스를 배치하기 위하여 [팔레트] 영역의 [레 이아웃]에서 [표형식배치]를 선택하여 뷰어에 배치한다.

행 열값은 각각 2로 하고 너비는 "부모 요소에 맞추기"를 지정한다. [이름바꾸기]를 클릭하여 "입력배치"라고 입력하고 [확인] 버튼을 누른다.

⑤ 1열에는 레이블을 배치하고 2열에는 텍스트박스를 배치한다. 그리고 텍스트박스1은 "나이", 텍스트박스2는 "가격"으로 [이름바꾸기]를 한다.

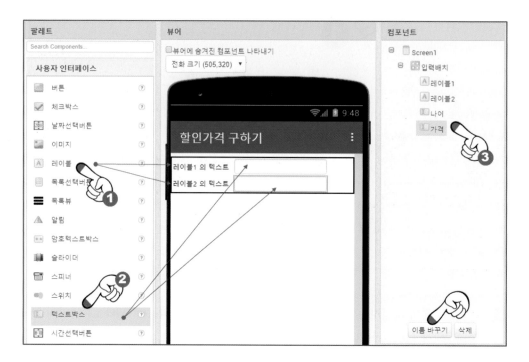

⑥ 레이블과 텍스트박스의 속성은 다음과 같이 지정한다.

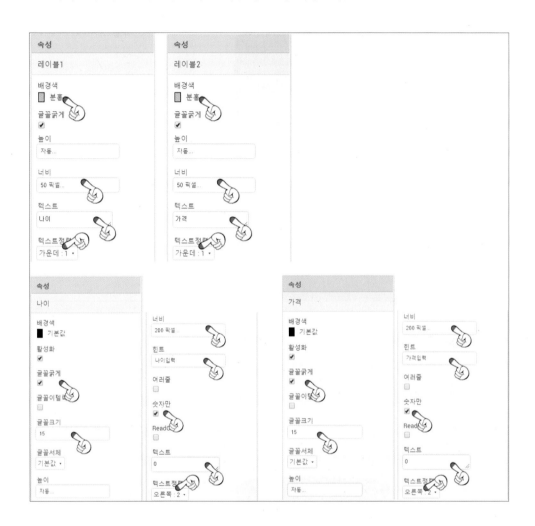

⑦ 실행을 위한 버튼은 [사용자인터페이스]의 [버튼] 컴포넌트를 배치하고 이름은 "판매가격"으로 지정하고 글꼴크기는 "20", 텍스트는 "판매가격"으로 한다.

⑧ 마지막으로 판매가격의 출력을 위하여 레이블을 하나 배치하다. 이름은 "출력창"으로 하고 텍스트색상은 "빨강", 크기는 20, 텍스트정렬은 "가운데:1", 너비는 "부모 요소에 맞추기"로 지정한다.

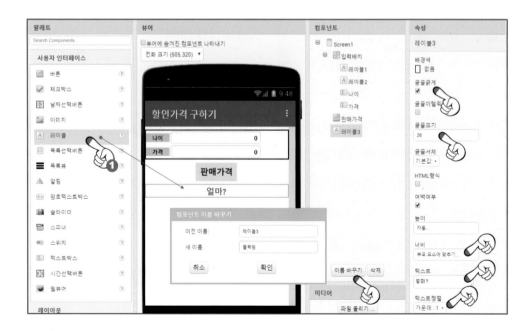

이제 [블록] 화면에서 나이와 가격을 입력하고 [판매가격] 버튼을 누르면 할인율이 적용된 판매가격을 [결과창]에 출력하도록 코딩해보자.

2.3.3 Block Coding

▣ 최종 블록 코딩 미리보기

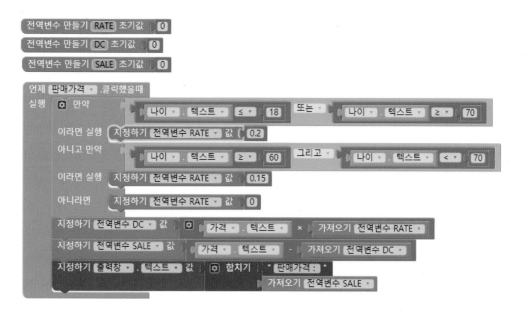

② 블록 코딩을 위한 문제 분석

아래 순서도를 먼저 살펴보자. AGE와 PRI 는 텍스트박스 컴포넌트에 해당한다. 별도의 변수정의가 필요없다. 할인율을 위한 RATE와 할인가격을 저장하는 DC, 판매가격을 저장하는 SALE 변수가 필요하다.

그리고 "나이가 18세 이하 이거나 70세 이상이면" 등의 복수 조건을 비교하는 논리 연산자를 사용해야 한다.

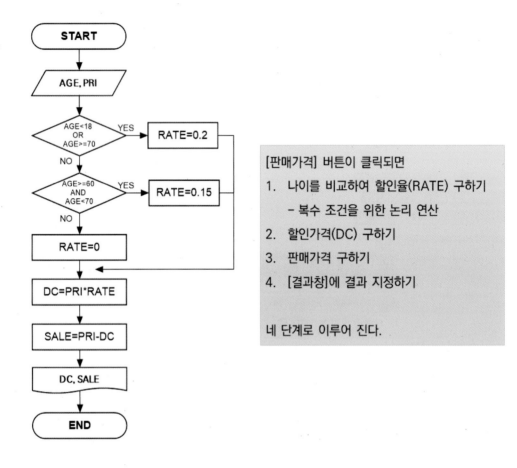

[판매가격] 버튼이 클릭되면

1. 나이를 비교하여 할인율(RATE) 구하기
   - 복수 조건을 위한 논리 연산
2. 할인가격(DC) 구하기
3. 판매가격 구하기
4. [결과창]에 결과 지정하기

네 단계로 이루어 진다.

❸ 블록 코딩 절차

➊ 먼저 전역변수를 세 개 만들어야 한다. [공통 블록]의 [변수] 목록에서 [전역변수 만들기] 블록을 추가하고 이름을 "RATE"로 수정한다. 그리고 동일한 방법으로 "DC", "SALE" 변수를 만든다. 세 변수 모두 숫자형 변수이므로 초기값은 [수학] 목록에서 [0] 블록을 가져와서 초기값으로 끼워 넣는다.

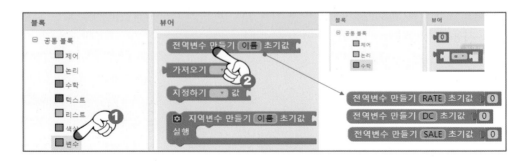

❷ 실질적인 동작은 [판매금액] 버튼이 클릭되어야 시작되기 때문에 [블록] 영역의 [판매가격] 컴포넌트를 선택하여 [클릭했을때] 블록을 가져온다.

❸ 가장 먼저 수행할 내용은 [나이]를 비교하여 할인율을 구하는 것이다. 비교는 할인율이 20%일 때와 15%일 때 0%를 구분해야 하므로 아래와 같이 조건 블록을 구성해야 한다.

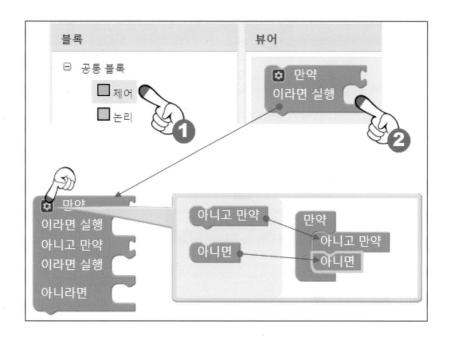

❹ 할인율 20%에 해당하는 조건은 다음과 같다.

[(나이 <= 18 OR (나이 >= 70)]

이를 위하여 [논리] 목록의 [또는] 블록 하나와 [수학] 목록의 [비교] 블록 2개가 필요하다. 그리고 [나이] 컴포넌트의 텍스트 블록과 [수학] 목록의 상수 0 블록이 필요하다.

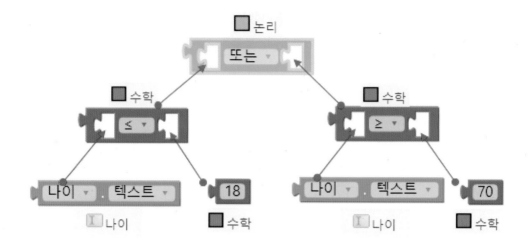

이러한 구조로 조립된 할인율 20%의 조건 비교 블록은 다음과 같다.

⑤ 할인율 15%에 해당하는 조건은 다음과 같다.

[(나이 >= 60 AND (나이 < 70)]

이를 위하여 [논리] 목록의 [그리고] 블록 하나와 [수학] 목록의 [비교] 블록 2개가 필요하다. 그리고 [나이] 컴포넌트의 텍스트 블록과 [수학] 목록의 상수 0 블록이 필요다.

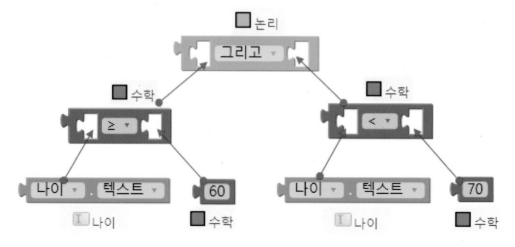

이러한 구조로 조립된 할인율 15%의 조건 비교 블록은 다음과 같다.

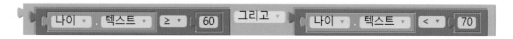

⑥ 이렇게 완성된 블록은 다음과 같이 조립된다.

⑦ 할인율은 [RATE] 변수에 각 값을 지정하면 된다.

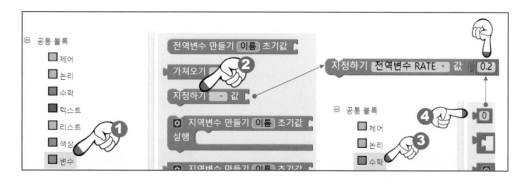

그리고 블록을 선택하고 마우스 오른쪽 버튼을 눌러 [복제하기]를 하여 세 영역에 끼워 넣고 상수값을 각각 지정한다(0.2, 0.15, 0) 그리고 클릭 이벤트 블록의 실행 영역에 끼워 넣는다.

⑧ 그리고 할인금액을 구하기 위해 [DC] 변수에 [가격]과 [RATE]을 곱하여 지정한다. 또한 판매금액을 구하기 위해 [SALE] 변수에 [가격]에서 [DC]을 뺀 값을 지정하면 된다.

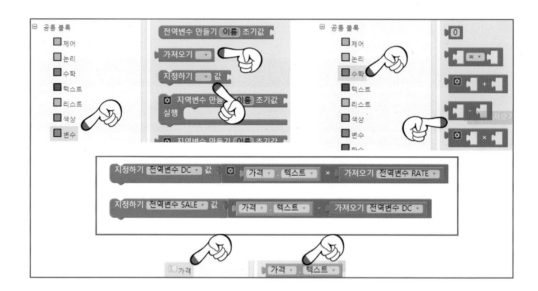

⑨ 이렇게 계산된 변수의 값은 [만약] 블록의 하위에 끼워 놓으면 된다.

⑩ 마지막으로 원하는 출력 값을 [출력창] 레이블에 텍스트로 지정하면 된다.

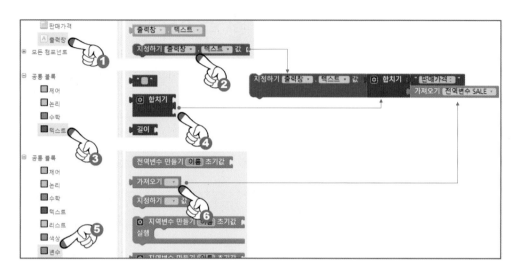

⑪ 최종적인 블록 코드는 다음과 같다.

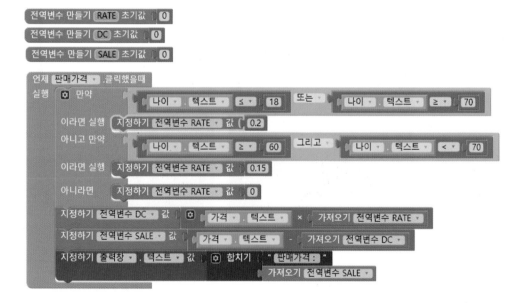

2.4 반복문을 이용한 정수의 합 구하기

문제 : 입력한 두 수의 범위에 있는 정수의 합을 구하여 출력하는 프로그램을 작성해 보자.

코 드 명	App_Q4_sum
요구사항	• 입력한 두 수의 범위에 있는 정수의 합을 구하여 화면 하단 레이블에 출력하는 앱을 구현하시오.
수행능력	• 보조적인 기억장소를 위한 변수를 사용할 수 있다. • 반복문을 이용하여 코딩을 할 수 있다. • 인덱스가 있는 반복문을 사용할 수 있다.
미리보기	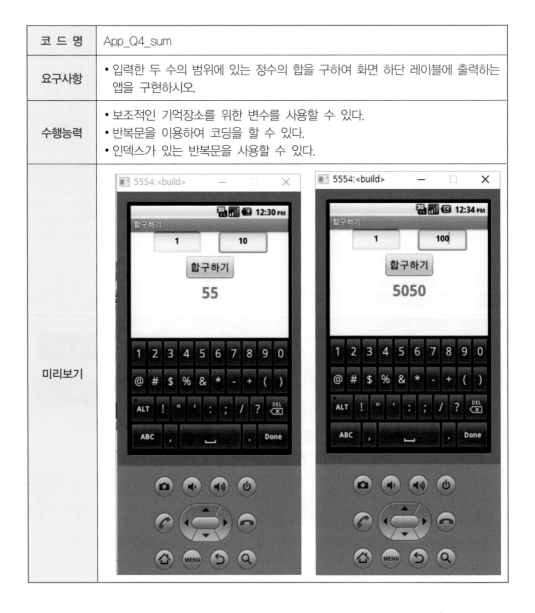

※ 컴포넌트 배치는 App_Q1_max 실습결과를 그대로 사용하고 버튼의 텍스트 속성만 "
합구하기"로 변경

2.4.1 UI 설계

컴포넌트	미리보기

2.4.2 컴포넌트 속성

컴포넌트	유형	속성지정
Screen1	스크린	• 앱이름 : "App_Q4_sum" • 제목 : "합 구하기"
수평배치1	레이아웃 – 수평배치	• 수평정렬 : 가운데 • 배경색 : 없음 • 너비 : 부모 요소에 맞추기
숫자1	사용자인터페이스 – 텍스트박스	• 너비 : 100픽셀 • 힌트 : "숫자입력" • 텍스트 : 가운데:1 • 숫자만 : 체크 • 글꼴크기 : 16 • 글꼴굵게 : 체크

컴포넌트	유형	속성지정
공백	사용자인터페이스 – 레이블	• 너비 : 30픽셀 • 텍스트 : ""
숫자2	사용자인터페이스 – 텍스트박스	• 너비 : 100픽셀 • 힌트 : "숫자입력" • 텍스트 : 가운데:1 • 숫자만 : 체크 • 글꼴크기 : 16 • 글꼴굵게 : 체크
합구하기	사용자인터페이스 – 버튼	• 텍스트 : "합구하기" • 글꼴크기 : 20
결과레이블	사용자인터페이스 – 레이블	• 글꼴크기 : 30 • 텍스트 : "결과" • 텍스트색상 : 빨강

① 이번 프로젝트는 이전 App_Q1_max 프로젝트를 그대로 사용할 것이다. 상단 [프로젝트] 메뉴에서 [프로젝트 다른 이름으로 저장] 하여 프로젝트를 복사한다.

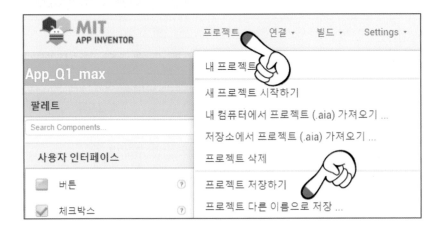

② 하단의 대화상자에 새 이름(App_Q4_sum)을 입력하고 확인 버튼을 누른다.

다른 이름으로 저장 - App_Q1_max

새 이름: App_Q4_sum

취소   확인

③ 기존 프로젝트에서 컴포넌트의 배치는 그대로 유지하고 [Screen1]의 속성 중에서 앱
이름과 제목만 수정하고 기존 [비교] 버튼을 [합구하기] 버튼으로 이름을 변경하고 텍
스트 속성을 바꾼다.

그 외 컴포넌트는 그대로 사용하고 블록 코딩만 주어진 문제에 맞게 작성한다. 이제
[블록] 화면에서 두 숫자를 입력하고 [합구하기] 버튼을 누르면 반복문을 이용하여 [숫
자1] 부터 [숫자2]까지 정수의 합을 구하여 [결과레이블]에 출력하도록 코딩해보자.

2.4.3 Block Coding

1 최종 블록 코딩 미리보기

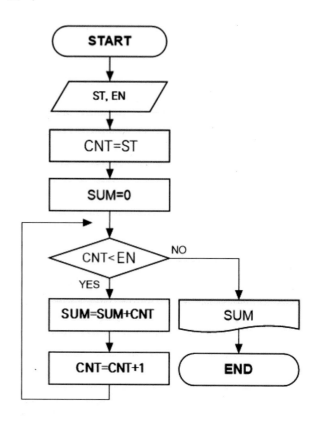

2 블록 코딩을 위한 문제 분석

오른쪽 순서도를 먼저 살펴보자. 반복을 위한 블록은 여러 가지가 있다 인덱스 값을 가지고 특정 횟수 만큼 반복할 수도 있고 조건만으로 반복할 수 도 있다. 예를 들어, "1부터 100까지 반복하시오" 나 "0이 입력 될 때까지 반복하시오" 등이다. 이번 문제는 시작값과 종료값을 알고 있기 때문에 전자의 방법으로 반복문을 구현해 본다. 시작값으로 인덱스(CNT)를 지정하고 1씩 증가하면서 종료값이 될 때까지 인덱스 값을 SUM 변수에 누적하는 구조이다.

❸ 블록 코딩 절차

① 먼저 전역변수를 하나 만들어야 한다. [공통 블록]의 [변수] 목록에서 [전역변수 만들기] 블록을 추가하고 이름을 "SUM"으로 수정한다. [SUM] 초기값은 [수학] 목록에서 [0] 블록을 가져와서 초기값으로 끼워 넣는다. CNT는 반복 블록내에서 사용하는 지역변수이므로 나중에 해당 블록이 생성되면 별도로 지정된다.

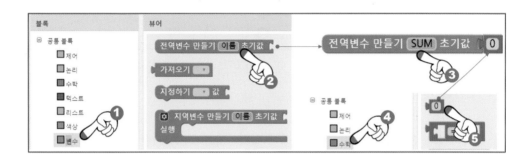

② [합구하기] 버튼이 클릭되면 동작이 시작되어야 하므로 해당 이벤트 블록을 가져온다. 블록은 [블록] 영역에서 [합구하기] 를 선택하고 상단의 [언제.클릭했을때] 블록을 가져온다.

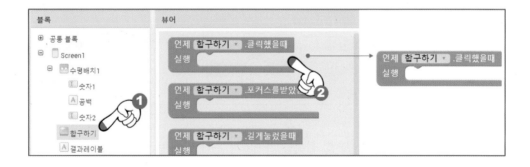

③ 이 문제는 생각보다 단순한 구조를 가진다. [합구하기] 버튼이 클릭되면 [숫자1]부터 [숫자2]까지 반복만 하면 된다. 일단, [공통 블록]의 [제어] 목록에서 인덱스가 있는 반복 블록을 가져온다. 그리고 [인덱스]를 "CNT"로 변경한다. 물론 그대로 사용해도 관계없지만 순서도에 일치되겠금 통일 시키는 의미이다.
그리고 시작과 끝에 있는 블록을 제거하고 [숫자1]과 [숫자2] 컴포넌트의 텍스트를 각각 끼워 넣는다.

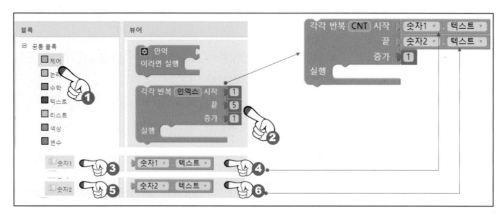

이 구조는 CNT가 시작부터 끝이 될 때 까지 반복하는데 매 반복마다 CNT가 1씩 증가한다는 의미이다.

④ 반복하면서 수행하는 명령어는 하나밖에 없다. CNT=CNT+1은 블록 자체가 스스로 하기 때문에 SUM=SUM+CNT 문장만 블록으로 구현하여 포함시키면 된다.
[변수] 목록에서 [지정하기] 블록을 가져와서 변수를 [SUM]으로 변경한다.

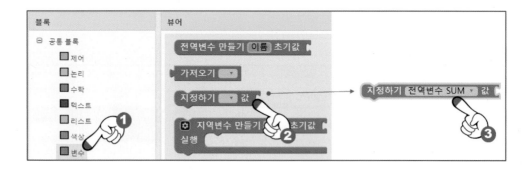

⑤ 그리고 [수학] 목록에서 [덧셈] 블록을 가져와서 왼쪽 칸에는 SUM 값을 넣고 오른쪽 칸에는 [CNT] 값을 넣는다. 이때 [CNT] 는 반복문 내의 지역변수이므로 해당 블록이 반복문에 결합되어야 연결 시킬 수 있다.

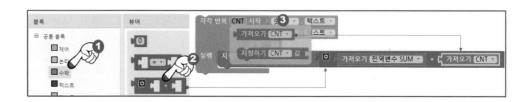

⑥ 그리고 반복문이 종료되면 [SUM] 변수 값을 [결과레이블]에 지정하면 된다.

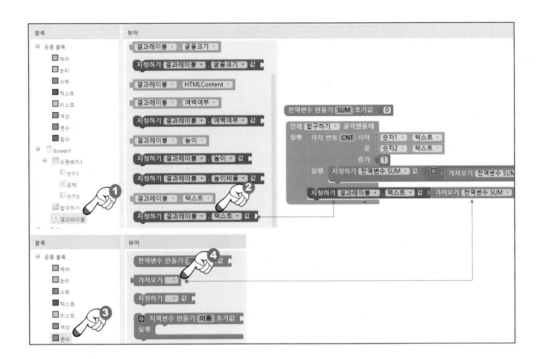

⑦ 마지막으로 실수하기 쉬운 부분이 하나있다. 전역변수는 이벤트가 종료되어도 초기화 되지 않는다. 그래서 [SUM] 변수는 계속 누적이 되는 현상을 가진다. 반드시 아래와 같이 클릭 이벤트가 동작할 때 마다 [SUM]은 0으로 초기화 해야 한다.

2.5 반복문의 이용한 구구단 출력하기

문제 : 구구단을 출력하는 프로그램을 작성해 보자.

코 드 명	App_Q5_gugudan
요구사항	• 특정수를 입력하면 그에 해당하는 구구단을 출력하는 앱을 구현하시오. • 결과화면은 다른 스크린에 출력되게 구현한다.
수행능력	• 보조적인 기억장소를 위한 변수를 사용할 수 있다. • 반복문을 이용하여 코딩을 할 수 있다. • 인덱스가 있는 반복문을 사용할 수 있다. • 스크린간의 이동을 통한 구현을 할 수 있다.
미리보기	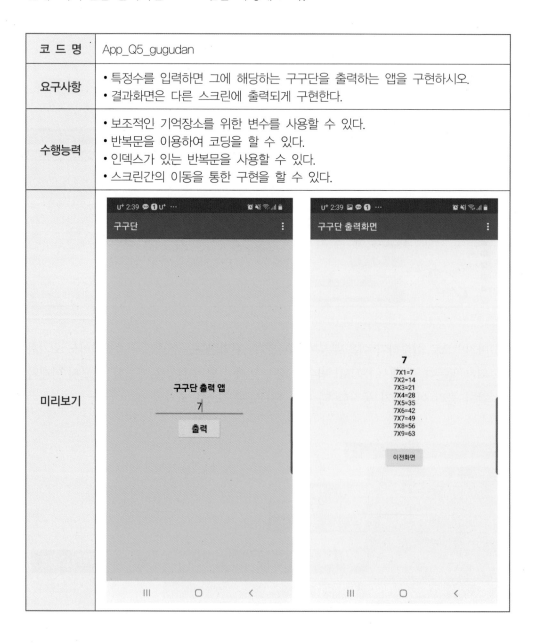

2.5.1 UI 설계

컴포넌트	미리보기

2.5.2 컴포넌트 속성

컴포넌트	유형	속성지정
Screen1	스크린	• 앱이름 : "App_Q5_gugudan" • 제목 : "구구단" • 배경색 : 주황 • 수직정렬 : 가운데:2
수직배치1	레이아웃 – 수직배치	• 수평정렬 : 가운데 • 배경색 : 없음 • 너비 : 부모 요소에 맞추기
레이블1	사용자인터페이스 – 레이블	• 배경색 : 없음 • 글꼴 : 굵게, 크기 20 • 너비 : 30픽셀 • 텍스트 : "구구단 출력 앱"
숫자1	사용자인터페이스 – 텍스트박스	• 글꼴크기 : 20 • 너비 : "200 픽셀" • 힌트 : "단을 입력하세요" • 텍스트 : 가운데:1 • 숫자만 : 체크 • 글꼴굵게 : 체크

컴포넌트	유형	속성지정
출력	사용자인터페이스 - 버튼	• 텍스트 : "출력" • 글꼴크기 : 20
Screen2	스크린	• 제목 : "구구단 출력화면" • 배경색 : 노랑 • 수직정렬 : 가운데:2
수직배치1	레이아웃 - 수직배치	• 수평정렬 : 가운데 • 배경색 : 없음 • 너비 : 부모 요소에 맞추기
출력단	사용자인터페이스 - 레이블	• 배경색 : 없음 • 글꼴 : 굵게, 크기 20 • 텍스트 : "출력단"
출력창	사용자인터페이스 - 레이블	• 배경색 : 없음 • 너비 : 부모 요소에 맞추기 • 텍스트정렬 : 가운데
이전화면	사용자인터페이스 - 버튼	• 텍스트 : "이전화면"

❶ 이번 프로젝트는 이전 App_Q5_gugudan 프로젝트를 그대로 사용할 것이다. 상단 [프로젝트] 메뉴에서 [프로젝트 다른 이름으로 저장] 하여 프로젝트를 복사한다.

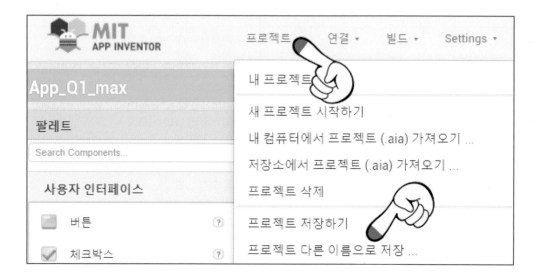

❷ 하단의 대화상자에 새 이름(App_Q5_gugudan)을 입력하고 확인 버튼을 누른다.

❸ 이번 예제는 두 개의 스크린으로 구성되는 앱이다. 첫 번째 스크린에서는 원하는 단을 입력하고 [출력] 버튼을 누르면 두 번째 스크린에서 결과을 출력한다. 그리고 [이전화면] 버튼을 클릭하면 첫 번째 화면으로 다시 돌아온다.

먼저, 첫 번째 스크린의 속성은 다음과 같이 지정한다. 배경색은 주황으로 지정하고 수직과 수평정렬을 가운데로 하여 정 중앙에 컴포넌트를 배치한다.

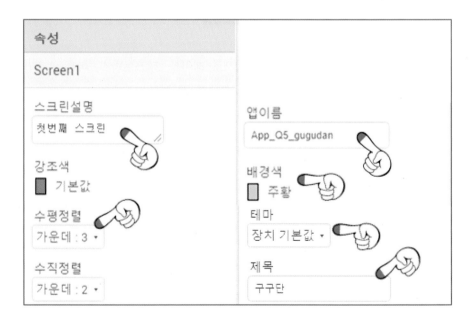

❹ 첫 번째 스크린에 배치할 컴포넌트는 레이블, 텍스트박스, 버튼의 세 개로 이루어진
다. 레이블은 "구구단 입력"이라는 라벨이고 텍스트박스는 실제 입력을 받는 컴포넌트
이다. 그리고 실행을 위한 [출력] 버튼을 둔다.

세 개의 컴포넌트를 수직으로 배치하기 위하여 [팔레트] 영역의 [레이아웃]에서 [수직
배치] 를 선택하여 [뷰어] 화면에 추가한다.

❺ 그리고 [수직배치] 컴포넌트 내에 순서적으로 레이블, 텍스트박스, 버튼을 추가한다.
해당 컴포넌트는 [사용자 인터페이스] 목록에서 선택한다.

[레이블1] 컴포넌트의 속성은 글꼴크기를 20으로 하고 텍스트를 "구구단 출력 앱"으로
지정한다.

텍스트박스는 아래와 같이 숫자만 입력할 수 있게 "숫자만" 속성을 체크하고 너비는 "200 픽셀", 이름은 [출력단] 으로 변경한다.

버튼은 글꼴크기를 20으로 너비는 "100 픽셀", 텍스트와 이름은 "출력"으로 변경한다.

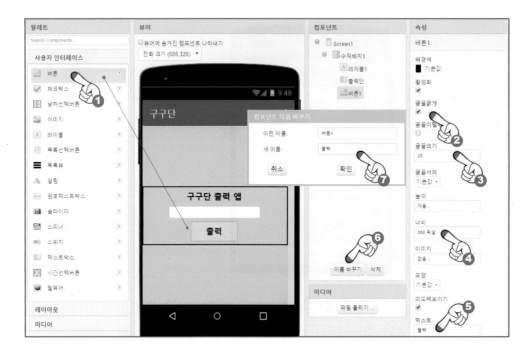

이렇게 하면 첫 번째 스크린의 디자인이 완성되었다.

⑥ 두 번째 스크린을 만들기 위해 화면 상단의 [스크린 추가] 버튼을 누르고 이름은 기본값(Screen2)으로 하고 확인 버튼을 누른다. 스크린 추가가 완료되면 상단 스크린 선택 목록에서 해당 스크린을 지정할 수 있다.

❼ 먼저, 두 번째 스크린의 속성은 다음과 같이 지정한다. 첫 번째 스크린과 구분하기 위하여 배경색은 노랑으로 지정하고 수직과 수평정렬을 가운데로 하여 정 중앙에 컴포넌트를 배치한다. 제목도 "구구단 출력화면"이라고 지정한다.

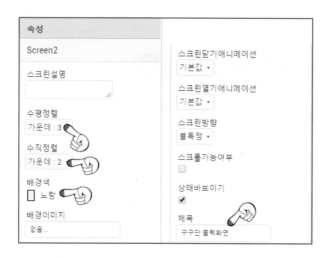

❽ 두 번째 스크린에 배치할 컴포넌트는 레이블 두 개와 버튼 하나로 이루어진다. 상단 레이블에는 출력 단을, 하단 레이블에는 실제 구구단이 출력된다. 컴포넌트를 수직으로 배치하기 위하여 [팔레트] 영역의 [레이아웃]에서 [수직배치] 를 선택하여 [뷰어] 화면에 추가한다.

배경색은 "없음"으로 지정하고 너비는 "부모 요소에 맞추기", 수평과 수직정렬은 "가운데"로 지정한다.

⑨ 출력되는 단의 제목을 위하여 레이블 컴포넌트를 추가하고 이름은 "출력단"으로 변경
하고 글꼴크기는 20 등으로 지정한다.

⑩ 실제 구구단이 출력될 레이블을 추가한다. 이름은 "출력창"으로 바꾸고 너비는 "부모
요소에 맞추기", 텍스트는 공백으로 지정한다.

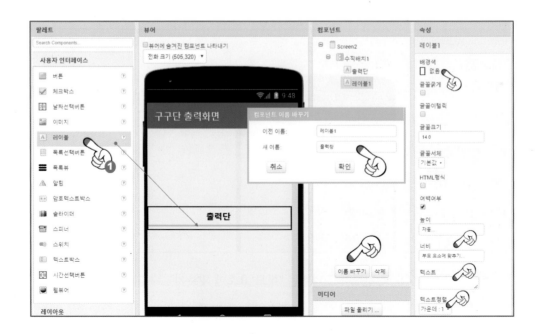

⑪ 마지막으로 하단에 버튼 컴포넌트를 추가하여 이전 화면으로 되돌아 갈 수 있게 한다. 이름을 "이전화면"으로 변경한다.

이제 [블록] 화면에서 원하는 단을 입력하고 [출력] 버튼을 누르면 스크린을 이동하여 구구단을 출력하고 [이전화면] 버튼을 누르면 다시 첫 번째 스크린으로 되돌아오는 결과물을 코딩해보자.

2.5.3 Block Coding

1 최종 블록 코딩 미리보기

[Screen1]

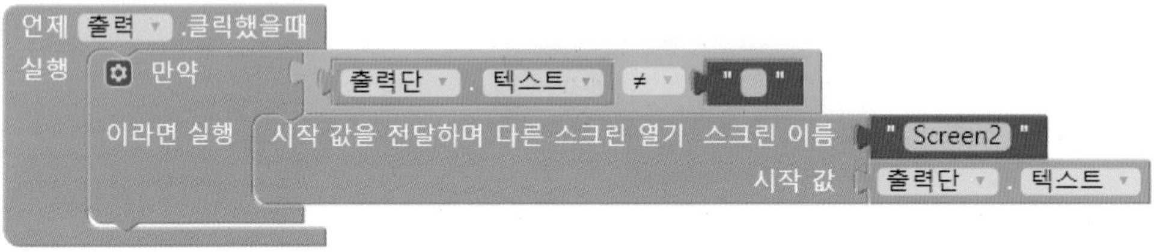

[Screen2]

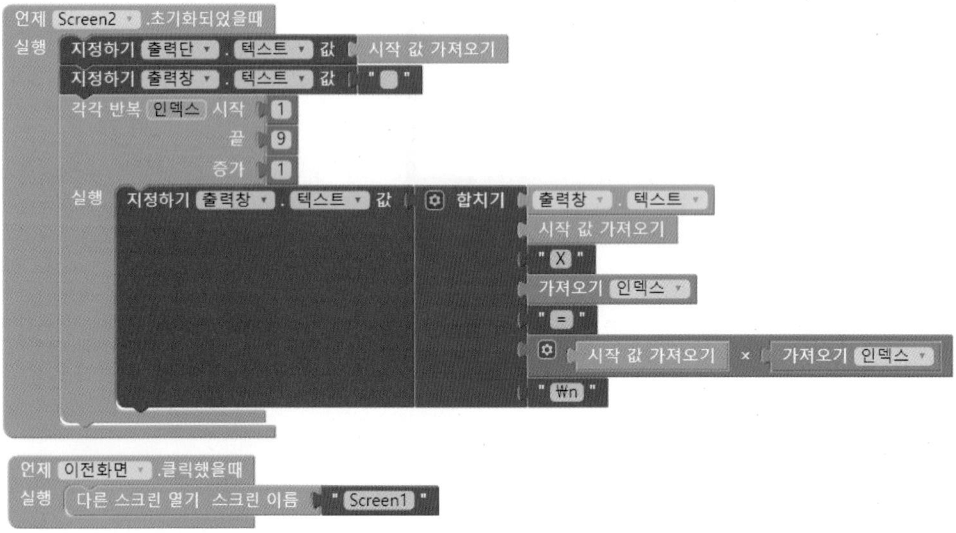

2 블록 코딩을 위한 문제 분석

[Screen1]에서는 [출력단] 입력이 공백이 아닌 정상적인 입력인지를 확인하고 [Screen2]로 값을 전달하는 것이 주 역할이다.

```
만약에 [출력단].텍스트가 공백이 아니면 {
            [Screen2]를 보여줘 ( [출력단].텍스트 전달 )
      }
```

[Screen2]에서는 전달받은 [출력단]에 해당하는 구구단을 출력하기 위하여 1부터 9까지
반복하면서 결과를 [결과창]에 추가하는 동작을 한다.

전달받은 값을 [출력단] 레이블에 지정
     [출력창] 초기화
     반복 [인덱스] 1 부터 9까지 1씩 증가 {
             기존 [출력창]의 텍스트와 현재 [인덱스]를 합치기
     }
     [이전화면] 버튼이 눌러지면 [Screen1]으로 이동

---

3 블록 코딩 절차

[Screen1] 영역의 코딩은 문제 분석과 같이 [출력] 버튼이 클릭되는 이벤트가 발생하면
[출력단] 텍스트를 검사하고 공백이 아니면 [Screen2]에게 그 값을 전달하면 된다.

❶ 먼저, [블록] 영역의 [출력] 컴포넌트를 선택하여 클릭 이벤트 블록을 가져온다. 그리
고 비교를 위하여 [제어] 목록에서 [만약] 블록을 가져와서 [출력]의 클릭 이벤트 블록
에 끼워 넣는다.

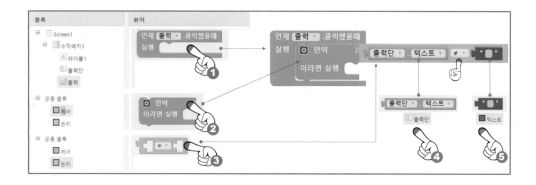

그리고 [논리] 목록에서 비교 블록을 가져와 [만약] 부분에 끼워 넣고 좌변과 우변의
비교 대상은 각각 [출력단]의 텍스트와 빈 문자열 블록을 끼워 넣으면 된다.

IF (출력단.텍스트 ≠ ' ') THEN

❷ 위 조건이 만족하면 실행해야 할 내용은 [Screen2]에게 [출력단]의 텍스트를 넘겨주고 스크린을 여는 것이다. 스크린을 이동하는 방법은 두 가지가 있다. 아래와 같이 단순 이동과 값을 전달하면서 이동하는 경우이다. 여기서는 [출력단]의 텍스트를 전달해야하기 때문에 두 번째 있는 블록을 이용한다.

단순하게 다른 스크린으로 이동할 때
다른 스크린 열기 스크린 이름

다른 스크인으로 이동하면서 값을 전달하고자 할 때
시작 값을 전달하며 다른 스크린 열기 스크린 이름
시작 값

[공통 블록]의 [제어] 목록에 [스크린 열기] 블록을 가져와서 스크린 이름은 [텍스트] 목록의 빈 문자열 블록을 끼워 넣고 값을 "Screen2"로 변경한다. 시작 값은 전달하는 매개변수로 [출력단]의 텍스트 블록을 끼워 넣는다.

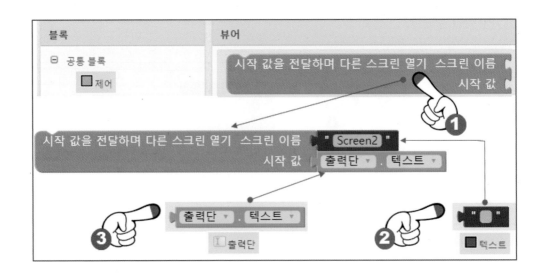

이를 [만약]의 블록의 [이라면 실행] 영역에 결합시킨다.

이제 [Screen2]에서 이루어져야 할 동작에 대해 코딩해 보자.

❸ 먼저, 상단 메뉴에서 [Screen2]로 작업 영역을 변경한다.

스크린이 이동되면 내부적인 이벤트가 발생되는데 이것이 [스크린의 초기화] 이벤트 이다. 스크린이 초기화되었다는 것은 스크린이 화면상에 표출된다는 것을 의미한다.

❹ [Screen1]에서 [Screen2]로 이동하게 되면 [Screen2]가 초기화 된다고 생각하면 된다. 그래서 먼저, [Screen2] 컴포넌트 선택하고 [초기화 되었을 때] 블록을 선택한다.

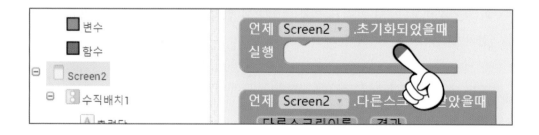

❺ 스크린이 열리면 두가지 동작을 하면 된다. [출력단]에 전달 받은 값을 지정하는 것과 구구단을 출력하기 위한 반복 블록을 명시하는 것이다. 다음과 같이 출력단에 전달 받은 값을 지정한다. [시작 값 가져오기] 블록은 [제어] 목록에 있다.

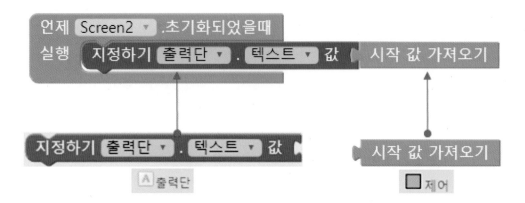

⑥ 구구단을 출력하기 전에 [출력창]을 공백으로 초기화해야 한다. 그리고 구구단은 1부터 9까지 반복하면서 [인덱스] 값과 [시작 값]을 곱하여 출력하면 된다. 이때 아래와 같이 출력하기 위해서는 기본에 있는 [출력창]의 내용과 합치는 동작이 필요하다. 예를 들어, 3단을 출력하는 경우를 가정하면 [출력창] 한번에 출력되어야 할 내용은 다음과 같이 구분할 수 있다.

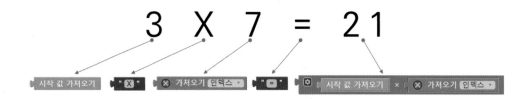

위 구조가 반복되면서 기존 [출력창]의 내용과 합쳐져야 한다. 이를 [문자열] 목록의 [합치기] 블록으로 표현하면 다음과 같다.

가장 하단에 "₩n"추가한 것은 줄 바꾸기를 위한 출력 제어 문장이다. 이 문자가 없으면 모든 결과가 한 줄로 출력이 된다. 완성된 블록 코딩의 결과는 다음과 같다.

⑦ 마지막으로 [이전화면] 버튼이 클릭되면 다시 [Screen1]으로 되돌아가면 된다.

2.6 연습문제

App_Q4_sum의 두수의 범위에 있는 정수의 합 구현 앱을 참고하여 다음 요구사항을 만족하는 앱을 구현해 보자.

프로젝트명	Ex_App_sum
요 구 사 항	• [숫자1] 이 [숫자2] 보다 큰 수가 입력되는 경우를 고려하지 않았다. 입력된 두 수에서 작은 수에서 큰 수의 범위 정수 값의 합을 구할 수 있도록 변경
컴포넌트	완성화면

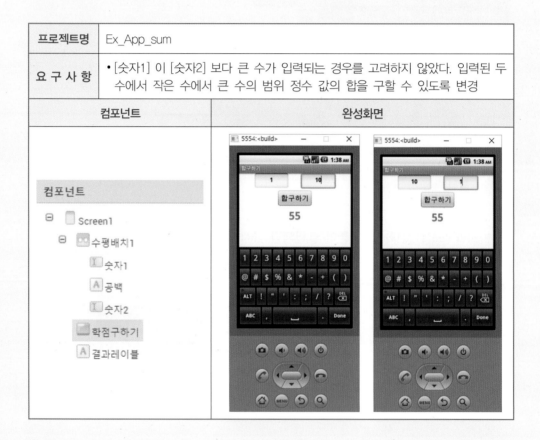

[힌트]

[합구하기] 버튼이 클릭되면 [반복] 블록 사용하여 합을 구하기 전에 [숫자1]과 [숫자2]을 비교하여 작은 수는 [숫자1]에 큰 수는 [숫자2]로 변경하는 부분이 추가되어야 함.

기초코딩과 문제해결_with APP INVENTOR

03

컴포넌트와 블록 코딩 단련하기

기초코딩과 문제해결_with APP INVENTOR

03 CHAPTER 컴포넌트와 블록 코딩 단련하기

3.1 RGB 텍스트 박스를 이용한 화면 색상 바꾸기

프로젝트명	App_Color1
요구사항	• 현재 화면의 배경색를 변경하는 앱이다. • RGB[8] 값을 사용자가 입력하고 변경 버튼을 눌러 배경색을 지정한다.
수행능력	• 기본적인 컴포넌트를 사용하는 기초 방법을 익힌다 • 각 컴포넌트의 속성을 지정할 수 있다. • 블록 코딩을 위한 원리을 이해하고 적용할 수 있다.
미리보기	

8) 빛의 3요소인 빨강(R), 녹색(G), 파랑(B)을 섞어 원하는 색상을 만들 수 있다. 각 0~255사이의 정수값을 가지며 통상적으로 각 색상을 16진수 2자리씩 6자리로 표현한다. #FF0000 는 빨간색, #00FF00는 녹색, #0000FF는 파란색을 의미한다. 그리고 빨간과 녹색을 섞은 #FFFF00는 노란색을 의미한다. 세 정도값이 같으면 회색계열의 색상이 된다.

3.1.1 UI 설계

컴포넌트	미리보기

3.1.2 컴포넌트 속성

컴포넌트	유형	속성지정
Screen1	스크린	• 앱이름 : "App_Color1" • 제목 : "App_Color1"
수평배치1	레이아웃 – 수평배치	• 수평정렬 : 가운데 • 배경색 : 없음 • 너비 : 부모 요소에 맞추기
R	사용자인터페이스 – 텍스트박스	• 너비 : 50픽셀 • 힌트 : "빨강", "녹색", "파랑"
G	사용자인터페이스 – 텍스트박스	• 정렬 : 오른쪽:2
B	사용자인터페이스 – 텍스트박스	• 텍스트 : "0" • 숫자만 : 체크
변경	사용자인터페이스 – 버튼	• 텍스트 : "배경색 변경"

❶ 상단 [프로젝트] 메뉴에서 [새 프로젝트 시작하기] 메뉴를 선택하거나 [새 프로젝트 시작하기] 버튼을 누르면 새로운 앱 인벤터 프로젝트 만들기 대화상자가 나타난다.

❷ 하단의 대화상자에 프로젝트 이름(App_Color1)을 입력하고 확인 버튼을 누른다. 프로젝트 이름은 영문자와 숫자 및 _를 혼합하여 사용할 수 있으면 첫 글자는 영문자로 지정하여야 한다. 첫 글자가 영문자가 아니면 하단에 안내 메시지가 나타난다.

❸ UI 설계에서 언급한 컴포넌트를 뷰어 화면에 배치한다.

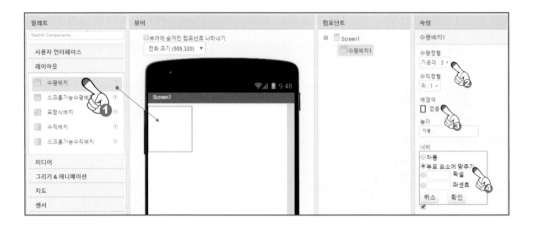

먼저, [레이아웃] 팔레트에서 [수평배치]를 뷰어에 배치하고 [속성] 영역에서 수평정렬은 "가운데:3", 배경색은 "없음", 너비는 "부모 요소에 맞추기"를 지정한다.

④ RGB의 각 색상값을 입력하기 위하여 [사용자 인터페이스] 팔레트에서 [텍스트박스] 3개를 [수평배치1] 컴포넌트 위에 배치한다. [컴포넌트] 영역의 세 텍스트박스의 이름을 아래와 같이 R, G, B로 변경한다.

⑤ 그리고 세 텍스트박스의 [속성]을 변경하여 너비는 "50픽셀", 힌트는 각 색상이름, 텍스트 정렬은 "오른쪽:2", 텍스트는 "0", 숫자만 입력받기 위하여 "숫자만" 속성을 체크한다.

⑥ 그리고 버튼의 클릭 이벤트를 위하여 텍스트박스 컴포넌트의 마지막에 [버튼] 컴포넌트를 하나 추가하고 이름을 "변경"으로 바꾸고 [속성]에서 텍스트를 "배경색 변경"으로 지정한다.

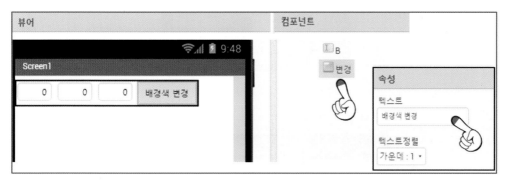

이상으로 요구사항에서 언급한 컴포넌트의 배치는 모두 완료되었다. 이제 [블록] 화면에서 RGB 값을 입력하고 [변경] 버튼을 누르면 배경색이 바뀌는 코딩을 하면 된다.

3.1.3 Block Coding

① 최종 블록 코딩 미리보기

② 블록 코딩을 위한 문제 분석

코딩에서 가장 중요한 것을 절차적인 수행에 대한 문제의 분해이다. 어떤 동작을 언제 해야 하는지? 그리고 구체적으로 어떻게 해야 하는지? 에 대한 명세가 우선되어야 한다. 그럼 우리가 만들고자 하는 배경색 바꾸기의 문제를 질문과 답변으로 세분화 시켜보도록 하자.

Q1 : 언제 동작을 하는가? ☞ A1 : 버튼이 클릭했을 때

Q2 : 무엇을 해야 하는가? ☞ A2 : [Screen1] 의 배경 색상을 지정

Q3 : 어떤 색상으로 지정하는가? ☞ A3 : R, G, B 텍스트 박스에 있는 숫자를 이용하여 색상을 만들어 지정

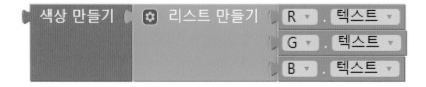

③ 블록 코딩 절차

❶ 화면의 배경 색상은 [변경] 버튼을 클릭했을 때(이벤트)에 동작되어야 한다. 먼저, [블록]의 [변경] 컴포넌트를 클릭하여 해당 이벤트를 선택한다.

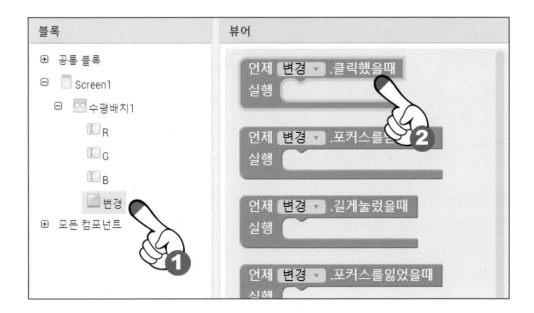

❷ 변경이 클릭이 되면 무엇을 해야 하는가? [Screen1]의 배경색을 지정해야 한다. [블록] 목록의 Screen1을 클릭하고 [지정하기 Screen1.배경색 값]을 선택한다.

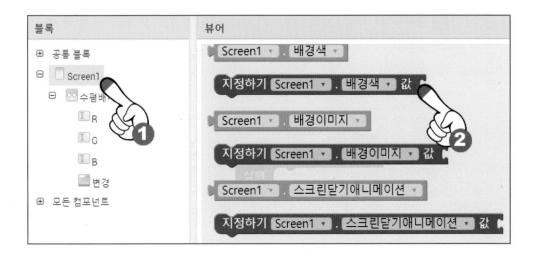

❸ 그리고 선택된 [지정하기 Screen1.배경색 값] 블록을 클릭 이벤트 블록에 끼워 넣기를 한다. 블록을 내부로 이동 시키면 해당 블록이 결합될지에 대한 확인 표시가 나타난다.

❹ 이제 [지정하기 Screen1.배경색 값] 블록에 키워 넣을 색상 값이 필요하다. 색상 만들기를 위한 블록은 [공통 블록]의 [색상]을 클릭하면 된다. 여기서 우리는 특정 색을 지정하지 않고 R,G,B 텍스트 박스에 입력된 값을 이용하여 색상을 만들어야 한다. 하단에 [색상 만들기] 블록을 선택한다.

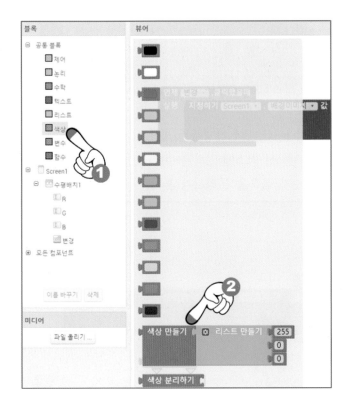

⑤ 그리고 이전의 [지정하기 Screen1.배경색 값] 에 끼워 넣는다.

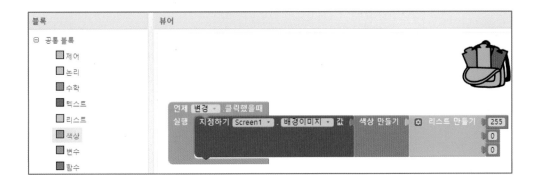

⑥ [색상 만들기] 블록을 보면 3개의 숫자 값으로 이루어진 리스트를 이용하여 색상을 만들고 있는 것을 알 수 있다. 리스트의 구체적인 개념은 이후에 설명하도록 하고 여기서는 "3개의 값으로 이루어진 목록" 정도만 이해한다.

3개의 숫자가 각각 R, G, B에 해당하는 색상 값이다. 하지만 우리는 특정 상수을 지정할 것이 아니고 텍스트 박스에 입력된 수로 리스트를 만들어 지정해야 한다. 하위에 255, 0, 0의 세 숫자 블록을 분리시켜 휴지통에 버린다.

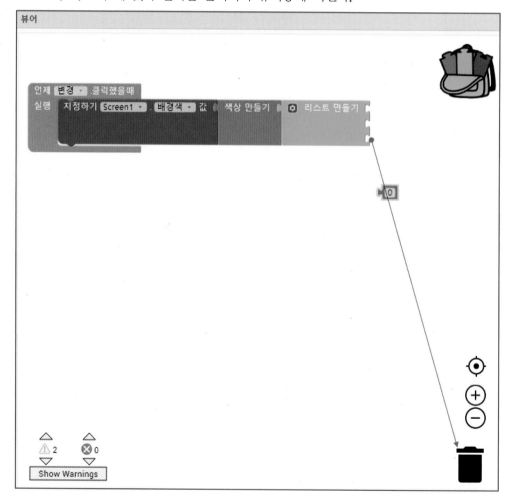

❼ 그리고 [블록] 목록에 있는 R, G, B 컴포넌트의 [텍스트] 블록을 리스트에 RGB 순서로 끼워 넣는다.

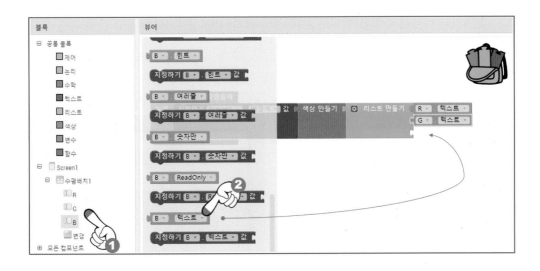

⑧ 바탕화면에 aiStarter을 먼저 실행하고 [연결] 메뉴에 [에뮬레이터]를 선택하면 앱의
최종 결과를 확인할 수 있다.

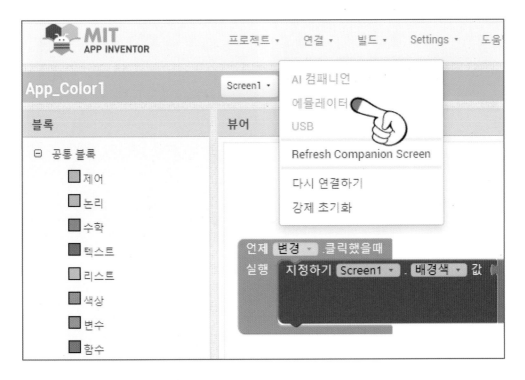

간혹, 애뮬레이터가 실행지 되지 않으면 [다시 연결하기]을 선택하고 [애뮬레이터]을
동작시키면 된다.

❾ 각 텍스트 박스에 숫자를 입력하고 [배경색 변경] 버튼을 누르면 RGB 값에 따른 색상이 Screen 배경으로 지정되는 것을 확인할 수 있다.

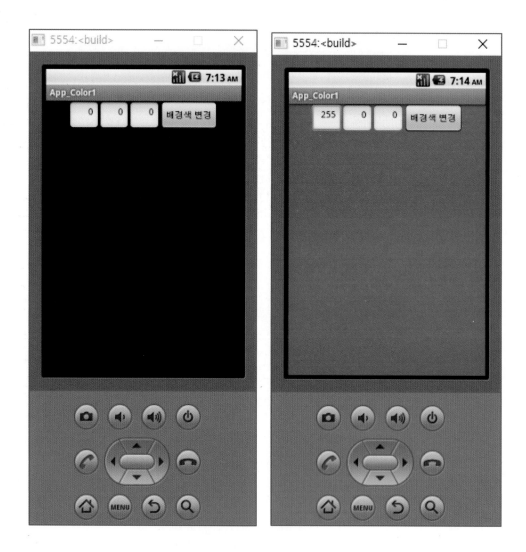

❿ 스마트 폰으로 직접 확인하고 싶다면, 아래와 같이 [빌드] 메뉴에서 [앱(.APK 용 QR 코드 제공)]을 선택하면 스마트 폰에서 동작 가능한 APK 파일이 만들어 지고 다운로드가 가능한 QR 코드가 제시된다. 스마트 폰의 QR 인식기를 이용하여 활용하면 여러분이 작성한 앱이 폰으로 다운로드 된다.

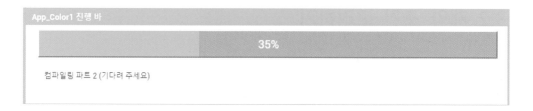

참고로 이 QR코드는 한시적으로(2시간) 유효하며 사용자의 편리성을 위한 서비스라고 생각하면 된다. 무수히 많은 웹 사용자들의 개발 앱 링크 정보를 무한정 유지하기는 현실적으로 어렵기 때문이다.

3.2 제약 조건 고려하기

3.2.1 제약 조건

이전의 문제 분석 단계나 분해 단계에서 문제가 가지는 제약조건에 대해 고려되어야 한다. RGB 값은 각각 0부터 255사이의 양의 정수이여야 한다. 즉, 입력된 값이 이 범위 안에 있어야 한다. 만약 입력 범위를 벗어난 숫자를 사용자가 입력하면 어떻게 해야 하는가? 이 문제를 해결하기 위하여 다음과 같은 제약조건을 코딩에 반영해 보자. 이는 프로그램이 동작할 때 발생할 수 있는 다양한 비정상적인 상황을 반영하여 안정적으로 문제를 해결하기 위해서 이다.

> 제약조건 : 입력값이 0보다 작거나 255보다 크면 0으로 강제 조정

R 테스트 박스의 값을 리스트에 바로 적용하지 않고 해당 범위를 벗어났는지 유무를 판단하여 값을 지정하면 된다. 아래 블록을 보면 다소 복잡해 보이지만 선수 교과에서 배운 순서도와 알고리즘을 상기시키면 쉽게 이해될 수 있을 것으로 사료된다.

먼저, 순서도를 보면서 해당 블록을 코딩해 보자.

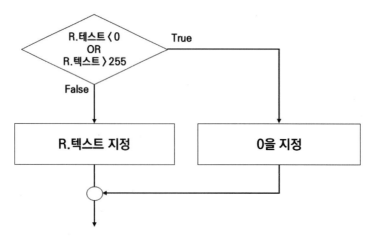

※ 하단 절차에서는 한국어 버전이 아닌 영문 버전 앱 인벤터를 지정하고 절차를 명시한다.

❶ 먼저 [공통 블록]^{Built-in}의 [제어]^{Control} 영역에서 [만약-이라면-아니면]^{IF-Then-Else} 구조
를 가져 온다. 그리고 if에 조건에 만족하는 then에는 숫자 0을 만족하지 않는 else에
는 R. 텍스트 블록을 끼워 넣는다.

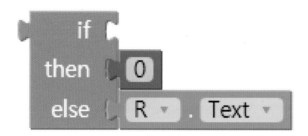

❷ 숫자 0 블록은 [공통 블록]^{Built-in} 블록의 [수학]^{Math} 영역에 있다.

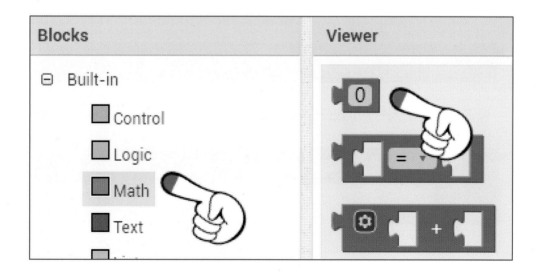

❸ 이제 조건 블록을 만들어야 한다. 조건은 0보다 작을 경우와 255보다 클 경우 두 가지이다. 이 두 가지 조건중 하나라도 만족하면 0이므로 두 조건을 "또는" 으로 결합한다. [공통 블록]$^{Built-in}$의 [논리]^{Logic} 영역에 [또는]^{Or} 블록을 먼저 가져온다. 그리고 숫자 비교 연산을 해야 함으로 [수학]^{Math} 영역에서 상단 두 번째에 있는 [비교연산] 블록을 가져온다.

위와 같이 동일한 블록을 가져와야 하는 상황에서는 하단과 같이 해당 블록에서 오른쪽 마우스 버튼을 누르면 [복제하기]^{Duplicate}를 선택하여 쉽게 복사할 수 있다.

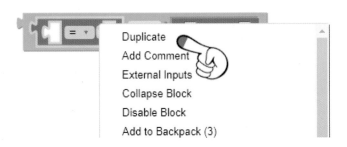

❹ 그리고 하단과 같이 앞서 제시한 순서도의 조건에 맞게 해당 블록을 가져오면 된다.

이 조건을 이전 [만약–이라면–아니면]$^{IF-Then-Else}$ 블록의 만약^{If}에 끼워 넣으면 된다.

❺ 이렇게 만들어진 블록은 언제 수행되어야 할까?

3.2.2 첫 번째 방법[App_Color1_1]

첫 번째 방법[App_Color1_1]은 하단의 블록과 같이 색상을 지정하는 리스트에 바로 대입할 수 있다.

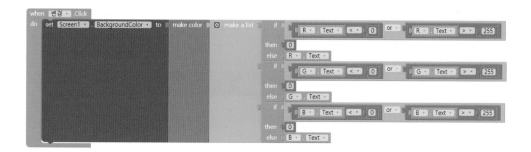

하지만 이 방법은 화면의 텍스트 박스는 변경하지 않고 조건이 맞을 때 실제 값만 0으로 지정된다.

3.2.3 두 번째 방법[App_Color1_2]

두 번째 방법[App_Color1_2] 은 원래의 블록은 변경하지 않고 텍스트 박스에 무엇인가 입력이 되면 조건을 비교하여 값을 바꾸는 방법이다.

각 컴포넌트의 블록에 보면, [포커스를 잃었을 때]When LostFocus라는 블록이 있다. 텍스트 박스에 어떤 값을 입력하기 위해서는 텍스트 박스를 선택하여 커서를 나오게 하는데, 이 때 "포커스를 받는다"GotFocus 라고 한다. 입력을 다하고 버튼을 누르거나 다른 컴포넌트를 선택하면 "포커스를 잃는다"LostFocus라고 한다.

그래서 아래와 같이 각 텍스트 박스가 포커스를 잃을 때LostFocus 해당 조건을 비교하여 텍스트 박스의 값을 변경Set to 하면 된다.

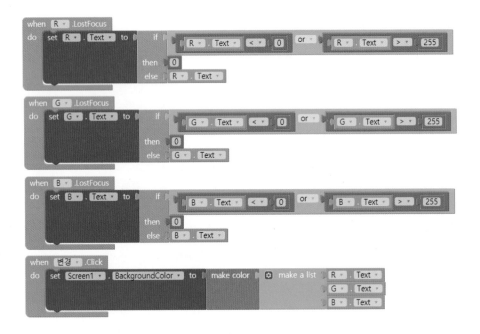

3.2.4 세 번째 방법[App_Color1_3]

세 번째 방법[App_Color1_3]은 [변경] 버튼이 클릭 될 때 먼저 조건을 검사한 후 값을 설정하고 배경색을 변경하는 방법이다.

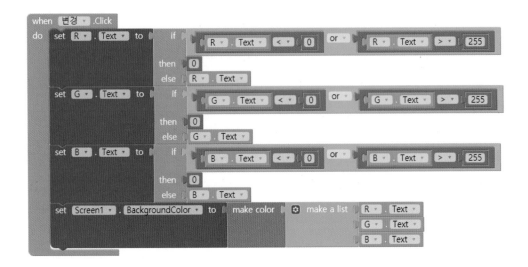

3.2.5 사용 블록 정리하기

복잡해 보이는 것 같지만 다시 역할을 분해해 보면 다소 쉽게 이해할 수 있을 것으로 사
료된다.

❶ 클릭 이벤트 블록 : When - Click

❷ 값을 지정하는 블록 : Set - To

❸ 조건을 비교하는 블록 : If - Then - Else

❹ 복수 조건을 위한 논리 블록 : OR

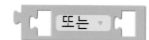

❺ 색상을 만드는 블록 : Make Color

❻ 리스트를 만드는 블록 : Make List

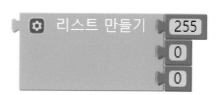

3.3 RGB 슬라이더을 이용한 화면 색상 바꾸기

프로젝트명	App_Color2
요구사항	• 현재 화면의 배경색를 변경하는 앱이다. • RGB 값을 슬라이더 바을 이용하여 조정하여 배경색을 지정한다.
수행능력	• 슬라이더 컴포넌트를 사용하는 기초 방법을 익힌다. • 슬라이더 컴포넌트의 속성을 지정할 수 있다. • 블록 코딩을 위한 원리를 이해하고 적용할 수 있다.
미리보기	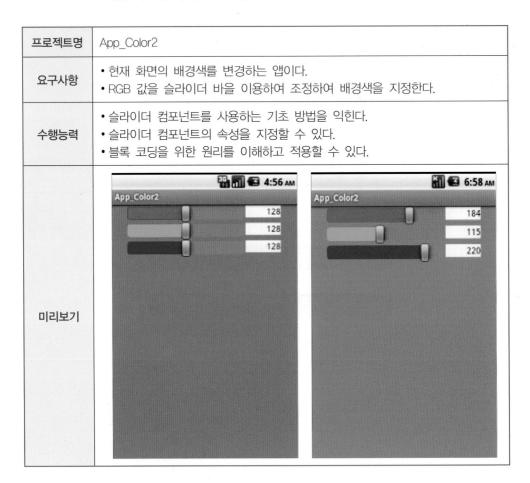

3.3.1 UI 설계

컴포넌트	미리보기
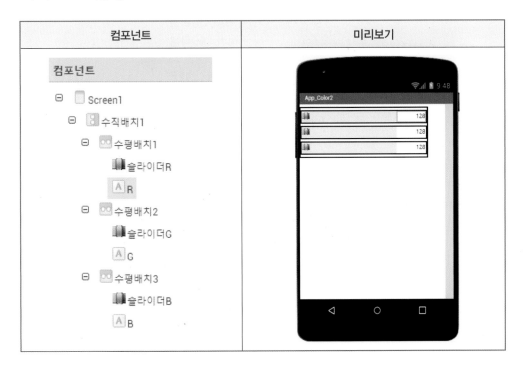	

3.3.2 컴포넌트 속성

컴포넌트	유형	속성지정
Screen1	스크린	• 앱이름 : "App_Color2" • 제목 : "App_Color2"
수직배치1	레이아웃 - 수직배치	• 수평정렬 : 가운데 • 배경색 : 없음 • 너비 : 부모 요소에 맞추기
수평배치1	레이아웃 - 수평배치	• 수평정렬 : 가운데 • 배경색 : 없음 • 너비 : 부모 요소에 맞추기
슬라이더R	사용자인터페이스 - 슬라이더	• 왼쪽색상 : 빨강 • 너비 : 200픽셀 • 최댓값 : 255 • 최솟값 : 0 • 섬네일위치 : 128

컴포넌트	유형	속성지정
R	사용자인터페이스 – 텍스트박스	• 높이 : 20픽셀 • 너비 : 60픽셀 • 텍스트정렬 : 오른쪽:2 • 텍스트 : "128"
수평배치2	레이아웃 – 수평배치	• 수평정렬 : 가운데 • 배경색 : 없음 • 너비 : 부모 요소에 맞추기
슬라이더G	사용자인터페이스 – 슬라이더	• 왼쪽색상 : 초록 • 너비 : 200픽셀 • 최댓값 : 255 • 최솟값 : 0 • 섬네일위치 : 128
G	사용자인터페이스 – 텍스트박스	• 높이 : 20픽셀 • 너비 : 60픽셀 • 텍스트정렬 : 오른쪽:2 • 텍스트 : "128"
수평배치3	레이아웃 – 수평배치	• 수평정렬 : 가운데 • 배경색 : 없음 • 너비 : 부모 요소에 맞추기
슬라이더B	사용자인터페이스 – 슬라이더	• 왼쪽색상 : 파랑 • 너비 : 200픽셀 • 최댓값 : 255 • 최솟값 : 0 • 섬네일위치 : 128
B	사용자인터페이스 – 텍스트박스	• 높이 : 20픽셀 • 너비 : 60픽셀 • 텍스트정렬 : 오른쪽:2 • 텍스트 : "128"

① 상단 [프로젝트] 메뉴에서 [새 프로젝트 시작하기] 메뉴를 선택하거나 [새 프로젝트 시작하기] 버튼을 누르면 새로운 앱 인벤터 프로젝트 만들기 대화상자가 나타난다.

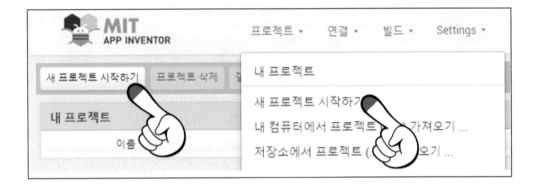

❷ 하단의 대화상자에 프로젝트 이름(App_Color2)을 입력하고 확인 버튼을 누른다.

❸ UI 설계에서 언급한 컴포넌트를 뷰어 화면에 배치한다.

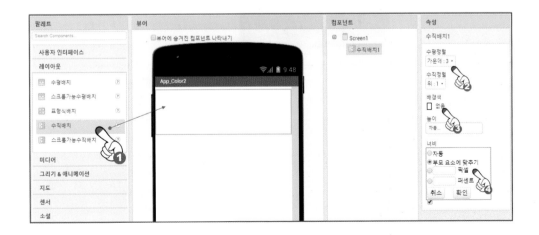

먼저, [레이아웃] 팔레트에서 [수직배치]를 뷰어에 배치하고 [속성] 영역에서 수평정렬
은 "가운데:3", 배경색은 "없음", 너비는 "부모 요소에 맞추기"를 지정한다.

④ 각 색상에 해당하는 슬라이더와 레이블은 수평으로 배치되어야하기 때문에 기존 수직
배치 내에 수평배치 레이아웃을 하나 추가한다.

그리고 속성의 위의 그림과 같이 설정한다.

⑤ 각 색상값을 슬라이더를 이용하여 조정하기 위하여 [사용자 인터페이스] 팔레트에서
[슬라이더] 컴포넌트를 [수평배치1] 컴포넌트 위에 배치한다.

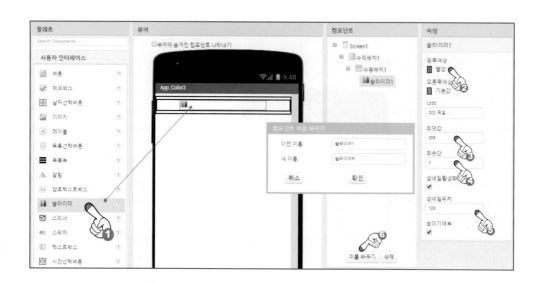

슬라이더의 [속성]은 왼쪽색상을 빨강으로 지정하고 최댓값과 최솟값은 RGB의 범위인 "255"와 "0"으로 설정한다. 섬네일위치는 중간지점인 "128"로 지정하고 너비는 "200픽셀"로 지정한다. 그리고 컴포넌트를 구분하기 위하여 [이름바꾸기]를 클릭하여 "슬라이더R"로 변경한다.

❻ 슬라이더가 조정되면 해당 값을 확인할 수 있도록 슬라이더 오른쪽에 [레이블] 컴포넌트를 추가한다.

레이블의 이름은 "R" 바꾸고 나머지 속성은 위와 같이 적절한 크기로 지정한다. 텍스트는 슬라이더의 초기 섬네일위치와 같이 "128"지정한다.

❼ 동일한 방법으로 G와 B값을 위한 수평배치, 슬라이더, 레이블를 추가한다. 슬라이더 G의 왼쪽색상은 "녹색", 슬라이더B는 "파랑"으로 지정하면 된다. 최종 완성된 뷰어의 컴포넌트 배치는 다음과 같다.

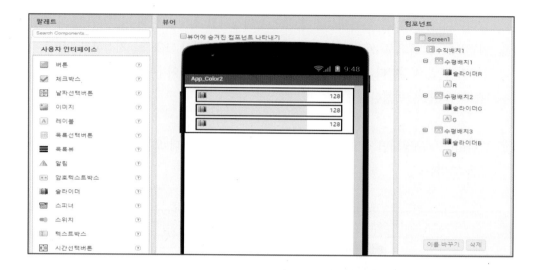

이상으로 요구사항에서 언급한 컴포넌트의 배치는 모두 완료되었다. 이제 [블록] 화면에서 각 슬라이더를 조정하면 배경색이 바뀌는 코딩을 하면 된다.

3.3.3 Block Coding

▣ 최종 블록 코딩 미리보기

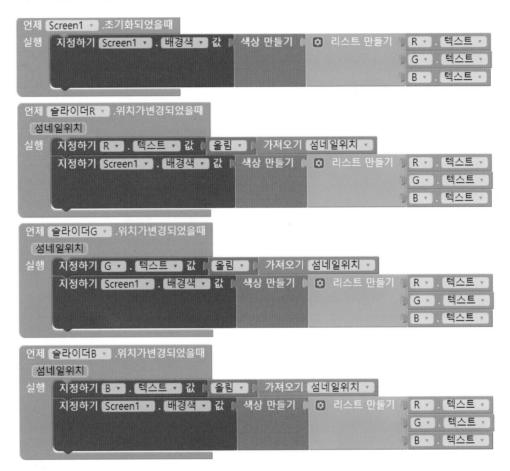

▣ 블록 코딩을 위한 문제 분석

문제가 복잡해지고 정확한 인식이 되지 않을수록 문제의 작은 단위로 분해하는 것이 더 중요하다. 해결할 수 있는 수준과 이해될 수 있는 단위로 세분화해야 문제 해결에 쉽게 접근할 수 있다.

Q1 : 언제 동작을 하는가? ☞ A1 : 슬라이더의 위치가 변경될 때

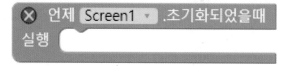

그리고 스크린이 가장 처음에 초기화되는 시점에서도 동작해야 한다.

Q2 : 무엇을 해야 하는가? ☞ A2 : [Screen1] 의 배경 색상을 지정

그리고 슬라이더가 변화면 해당 레이블의 값도 변경 되어야 한다.

Q3 : 어떤 색상으로 지정하는가? ☞ A3 : R, G, B 레이블에 있는 숫자를 이용하여 색상을 만들어 지정

3 블록 코딩 절차

❶ 위 문제 분석에서 언급했듯이 배경색의 변경은 두 가지의 이벤트에서 동작한다. 첫 번째는 스크린이 초기화 될 때, 그리고 각 슬라이더의 위치가 변경될 때다. 먼저, 스크린이 초기화 될 때의 경우부터 코딩해 보자. 먼저, [블록] 목록의 [Screen1] 컴포넌트를 클릭하여 [언제 Screen1.초기화되었을 때] 이벤트를 선택한다.

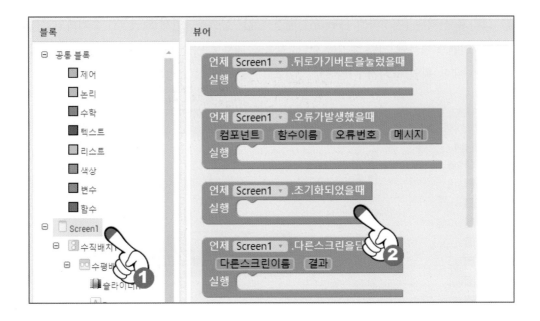

❷ 스크린이 초기화 되면 무엇을 해야 하는가? [Screen1]의 배경색을 지정해야 한다.
[블록] 목록의 [Screen1]을 클릭하고 [지정하기 Screen1.배경색 값]을 선택한다.

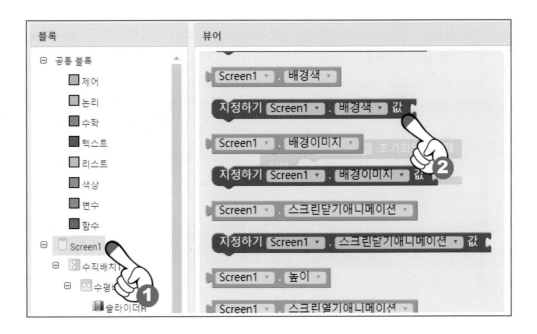

③ 그리고 선택된 [지정하기 Screen1.배경색 값] 블록을 [언제 Screen1.초기화되었을 때] 이벤트 블록에 끼워 넣기를 한다. 블록을 내부로 이동 시키면 해당 블록이 결합될 지에 대한 확인 표시가 나타난다.

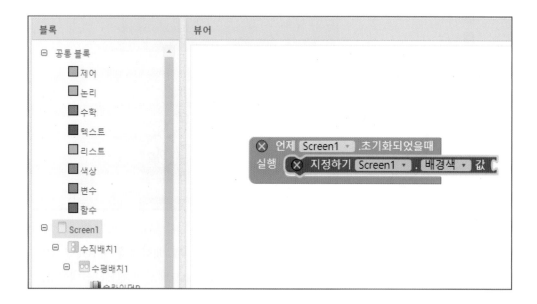

④ 이제 [지정하기 Screen1.배경색 값] 블록에 키워 넣을 색상 값이 필요하다. 색상 만들기를 위한 블록은 [공통 블록]의 [색상]을 클릭하면 된다. 여기서 우리는 특정 색을 지정하지 않고 R,G,B 레이블 값을 이용하여 색상을 만들어야 한다. 하단에 [색상 만들기] 블록을 선택한다. 이전 예제에서 학습했듯이 각 레이블의 텍스트를 리스트에 지정한다.

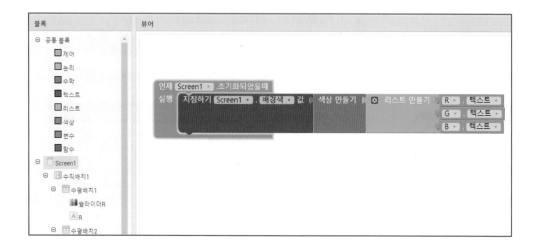

❺ 이제 각 슬라이더가 위치변경이 발생할 때의 동작을 코딩해야 한다. 먼저, [블록] 목록
에서 [슬라이더R] 컴포넌트를 선택하고 [언제 슬라이더R.위치가변경되었을때] 블록을
선택한다.

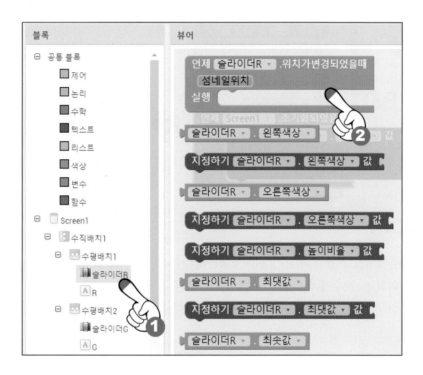

해당 블록은 슬라이더의 위치가 변경되었을때의 동작을 명시하기 위한 블록이다. 블
록내에 별도의 [섬네일위치] 라는 표시가 보인다. 마우스를 올려보면 해당 블록내에서
지원하는 추가적인 블록이 있음을 알 수 있다.

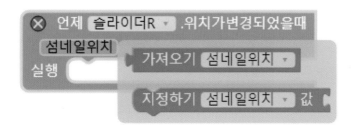

섬네일 위치를 가져오거나 값을 지정할 수 있다는 의미이다.

⑥ 슬라이더가 변경되면 두가지 동작을 해야 한다고 하였다. 해당 레이블을 변경하는 것과 스크린의 배경색을 지정하는 것이다. 아래와 같이 두 개의 블록을 끼워 넣어 보자. 두 블록 모두 [블록] 목록의 각 컴포넌트를 선택하면 된다.

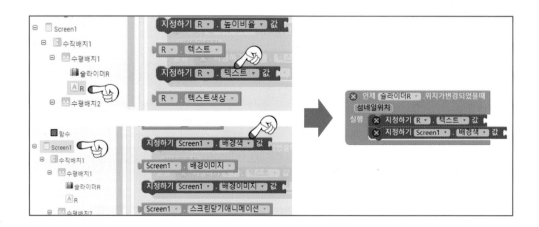

– 레이블에 텍스트를 지정하기 위해서 하나의 주의사항이 있다. 슬라이더의 위치값(섬네일위치)은 정수가 아니고 실수값으로 반환된다. 섬네일위치을 그대로 레이블에 지정하면 0~255의 정수가 아닌 실수가 출력된다.

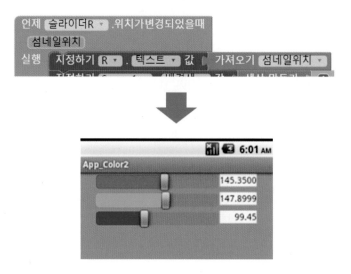

그래서 레이블에 값을 지정하기 전에 섬네일위치 값을 [반올림], [올림], [내림] 중 하나를 선택하여 정수화 시킨 후 지정해야 한다. 해당 블록은 일종의 특수한 기능적

인 블록이라고 생각하면 된다. 수치적인 동작에 해당하므로 [공통블록]의 [수학] 영역에 있다.

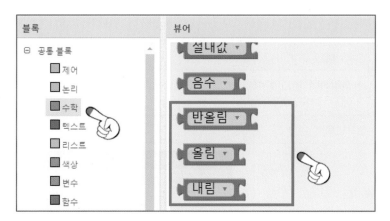

※ 이런 부분이 동작의 명확성을 고려하기 위한 코딩 작업에서의 중요 사항이다.

⑦ 이렇게 코딩된 각 슬라이더의 위치 변경시의 최종 결과는 다음과 같다.

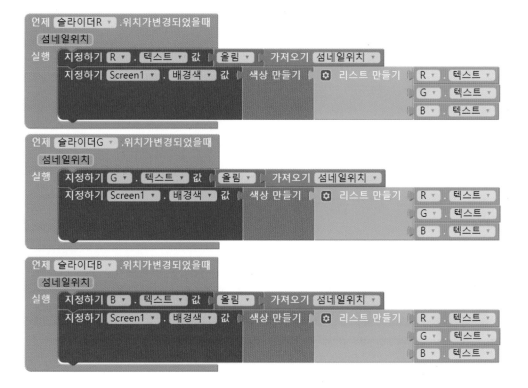

3.4 연습문제

기본문제2(App_Color2)에 추가하여 RGB코드를 16진수로 하단에 출력하는 앱을 만들어
보자.

프로젝트명	Ex_App_Color	
요 구 사 항	• 슬라이더 변경에 따른 RGB 코드를 16진 형태로 화면 하단에 표시해 보자. • 예시 : "#FF00FF"	
컴포넌트		완성화면

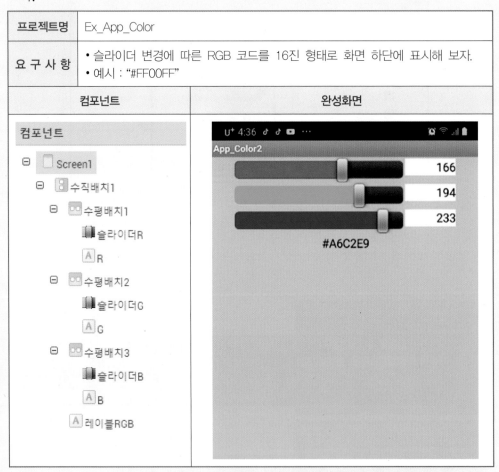

[힌트]

기초코딩과 문제해결_with APP INVENTOR

기초코딩과 문제해결_with APP INVENTOR

04 CHAPTER 연산과 비교 판단문 단련하기

4.1 남녀 체지방률 구하기

프로젝트명	App_Basic1
요구사항	• 성별과 체중, 신장, 나이를 입력받아 성별 체지방률을 구하는 앱을 구현한다. • 측정하기를 선택하면 제비방량, 체지방량, 체지방률 결과를 출력하게 된다.
수행능력	• 스피너 컴포넌트를 익히고 성별에 따른 조건 판단문을 코딩에 적용할 수 있다. • 우선순위에 따른 다양한 연산식을 사용할 수 있다.
미리보기	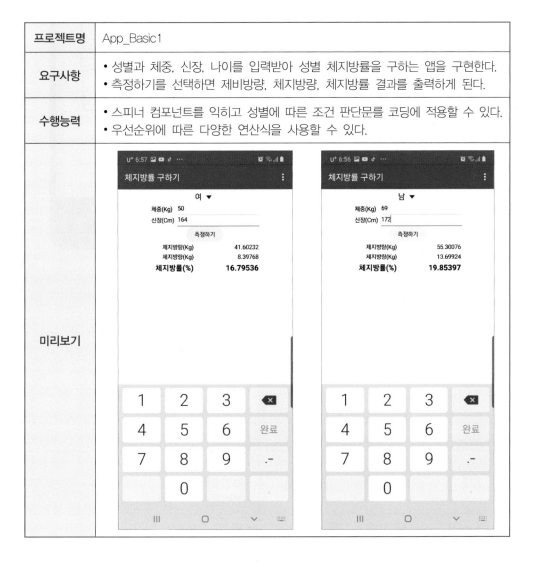

4.1.1 UI 설계

컴포넌트	미리보기
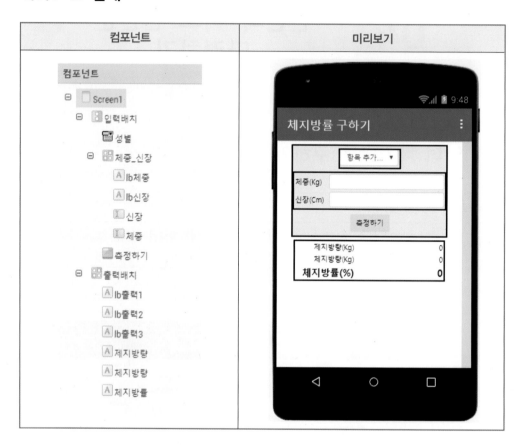	

4.1.2 컴포넌트 속성

컴포넌트	유형	속성지정
Screen1	스크린	• 앱이름 : "App_Basic1" • 제목 : "체지방률 구하기" • 수평정렬 : 가운데:3
입력배치	레이아웃 – 수직배치	• 수평정렬 : 가운데:3
성별	사용자인터페이스 – 스피너	• 요소문자열 : "남,여" • 프롬프트 : "성별" • 선택된항목 : "남"
체중_신장	레이아웃 – 표형식배치	• 열 : 2 / 행 : 2

컴포넌트	유형	속성지정
lb체중	사용자인터페이스 – 레이블	• 텍스트 : "체중(Kg)" • 글꼴크기 : 14
lb신장	사용자인터페이스 – 레이블	• 텍스트 : "신장(Cm)" • 글꼴크기 : 14
신장	사용자인터페이스 – 텍스트박스	• 글꼴크기 : 14 • 숫자만 : 체크 • 텍스트 : " " • 힌트 : "신장을 입력하세요" • 너비 : 200픽셀
체중	사용자인터페이스 – 텍스트박스	• 글꼴크기 : 14 • 숫자만 : 체크 • 텍스트 : " " • 힌트 : "체중을 입력하세요" • 너비 : 200픽셀
측정하기	사용자인터페이스 – 버튼	• 텍스트 : "측정하기"
출력배치	레이아웃 – 표형식배치	• 열 : 2 / 행 : 3
lb출력1	사용자인터페이스 – 레이블	• 텍스트 : "제지방량(Kg)" • 너비 : 100픽셀
lb출력2	사용자인터페이스 – 레이블	• 텍스트 : "체지방량(Kg)" • 너비 : 100픽셀
lb출력3	사용자인터페이스 – 레이블	• 텍스트 : "체지방률(%)" • 너비 : 100픽셀
제지방량	사용자인터페이스 – 레이블	• 텍스트 : 0 • 너비 : 150픽셀 • 텍스트정렬 : 오른쪽:2
체지방량	사용자인터페이스 – 레이블	• 텍스트 : 0 • 너비 : 150픽셀 • 텍스트정렬 : 오른쪽:2
체지방률	사용자인터페이스 – 레이블	• 텍스트 : 0 • 너비 : 150픽셀 • 텍스트정렬 : 오른쪽:2 • 글꼴크기 : 20

➊ 상단 [프로젝트] 메뉴에서 [새 프로젝트 시작하기] 메뉴를 선택하거나 [새 프로젝트 시작하기] 버튼을 누르면 새로운 앱 인벤터 프로젝트 만들기 대화상자가 나타난다.

➋ 하단의 대화상자에 프로젝트 이름(App_Basic1)을 입력하고 확인 버튼을 누른다.

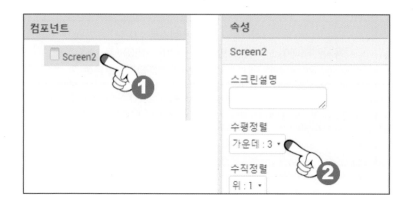

➌ UI 설계에서 언급한 컴포넌트를 뷰어 화면에 배치한다.

먼저, 레이아웃을 중앙으로 정렬하기 위하여 [Screen] 속성의 수평정렬을 "가운데:3"
로 지정한다.

④ 전체적인 컴포넌트는 수직으로 배치되기 때문에 최상위 레이아웃은 [수직배치] 레이
아웃을 위치시키고 수평정렬을 "가운데:3"으로 지정한다. 이름은 "입력배치"로 변
경한다.

⑤ 성별을 목록에서 선택하기 위하여 먼저, [사용자인터페이스] 목록에서 [스피너] 컴포
넌트를 배치시킨다. 그리고 [속성] 목록에서 요소문자열을 "남,여"로 지정하고 프롬프
트는 목록창의 제목으로 "성별"이라고 입력한다. 앱이 시작되면 기본적으로 "남"을 선
택되게 하기 위하여 선택된 항목에 "남"으로 설정한다. 그리고 컴포넌트의 이름을 "성
별"로 변경한다.

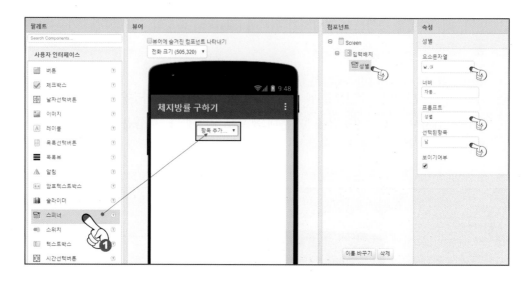

⑥ 체중과 신장을 입력받기 위한 레이아웃을 위하여 [표형식배치] 레이아웃을 추가하고 열과 행 속성을 각각 2로 지정하고 이름은 "체중_신장"으로 바꾼다.

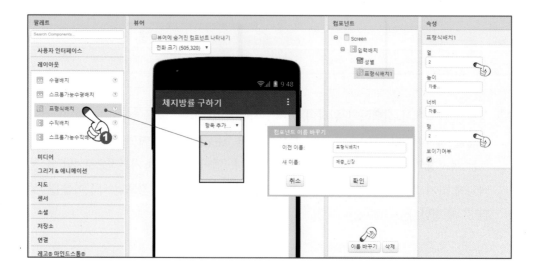

⑦ 체중과 신장을 위한 레이블과 텍스트 박스를 각각 추가하고 하단과 같이 속성을 지정한다. 특히, 체중과 신장 텍스트 박스는 숫자만 입력되어야 한다.

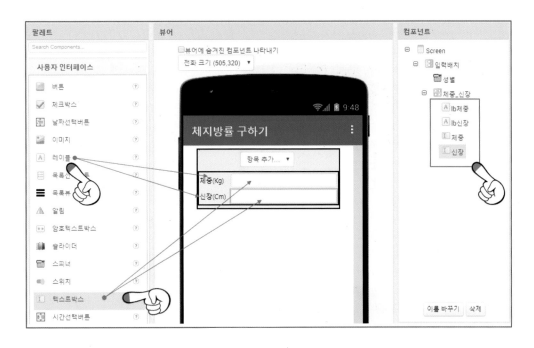

⑧ [체중_신장] 하단에 측정을 위한 버튼을 하나 만들고 "측정하기" 텍스트로 지정하고 이름도 "측정하기"로 바꾼다.

⑨ 출력 레이블 배치를 위하여 [입력배치] 밑에 [표형식배치] 레이아웃을 추가하고 행과
열을 각각 3과 2로 설정한다. 이름은 "출력배치"로 바꾼다.

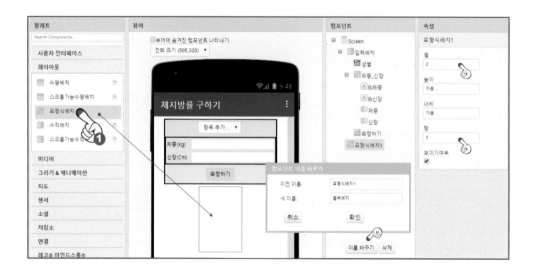

⑩ 3행 2열의 내에 6개의 [레이블] 컴포넌트를 배치시키고 각각의 속성과 이름은 다음과
같이 지정한다.

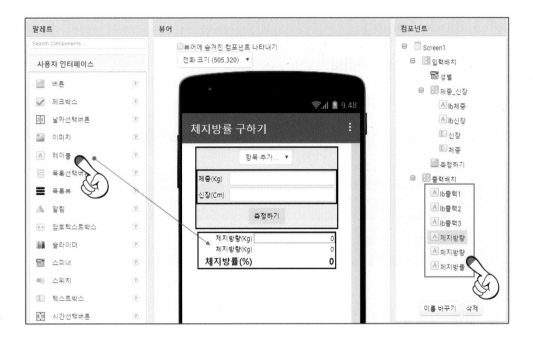

이상으로 요구사항에서 언급한 컴포넌트의 배치는 모두 완료되었다. 이제 [블록] 화면에서 [수행버튼]을 클릭하면 연산을 수행하는 코딩을 하면 된다.

4.1.3 Block Coding

▋ 최종 블록 코딩 미리보기

▋ 블록 코딩을 위한 문제 분석

먼저, 체지방률을 구하는 계산식에 대해 알아야 한다. 체지방률을 구하기 위해서는 성별에 따라 제지방량[9]을 먼저 구해야 한다. 그리고 이를 이용하여 체지방량[10]을 계산하여 최종적으로 체지방률[11]을 구한다. 계산식은 다음과 같으며 일반적인 계산식을 적용한 것이다.

① 제지방량

$$남성 = (1.10 \times 체중) - (128 \times (체중^2 \div 신장^2))$$
$$여성 = (1.07 \times 체중) - (128 \times (체중^2 \div 신장^2))$$

② 체지방량 = 체중 - 제지방량

③ 체지방률 = (체지방량 × 100) ÷ 체중

위 절차는 문제를 해결하기 위하여 단계별로 분해한 결과이다. 이 절차별 주요 연산과 관련된 부분을 정리하면 다음과 같다.

---

9) 지방 무게를 '제거'한 뼈, 근육, 수분, 내장기관의 무게(kg단위)
10) 자신의 몸에서 지방이 차지하는 무게(kg 단위)
11) 자신의 몸에서 지방이 차지하는 비율(% 단위)

🔵 제지방량은 남,여 구분하여 산출해야 한다. 1.10과 1.07 상수외에는 동일하기 때문에 동일한 부분은 임시기억 장소에 먼저 계산을 해 두고 남녀 구분에 따라 최종적인 제지 방량을 구할 수 있다.

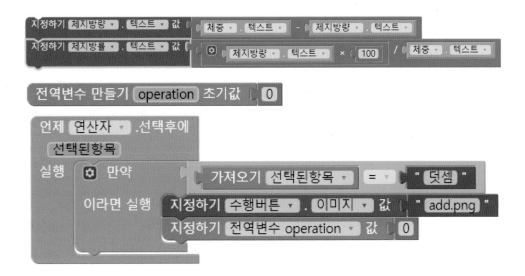

②③ 체지방량과 체지방률은 남녀가 동일하기 때문에 다음과 같은 계산식을 사용하여 해당 레이블에 표시하면 된다.

먼저, 코딩에 앞서 아래 순서도를 서로 이야기해 보고 동작의 흐름이 이해가 되었다면 실제 코딩에 들어가자.

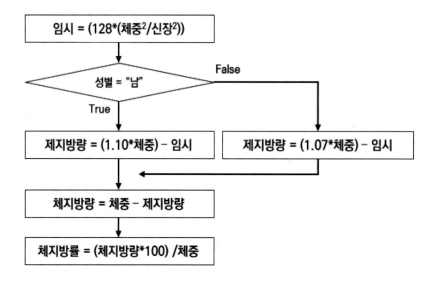

위의 순서도를 자연어로 표현하면 다음과 같다.

제지방량은 남녀 성별에 따라 계산식이 다르다. 하지만 공통된 부분이 있기 때문에 [임시] 변수에 공통된 연산식을 미리 계산 해 둔다.

그리고 남녀 성별 구분을 위하여 성별이 "남"이면 1.10 상수를 사용하여 계산한고 아니면 "여"이기 때문에 1.07 상수를 적용하여 계산하여 제지방량을 산출한다. 체지방량과 체지방률은 계산식이 남녀 동일하므로 하위에서 통합하여 계산식을 수행한다.

---

❸ 블록 코딩 절차

① 위 문제 분석을 통해 하나의 변수가 필요하다는 것을 알 수 있다. 변수의 만드는 방법은 [블록] 영역의 [공통 블록] 목록의 [변수] 블록을 클릭하고 [전역변수 만들기]을 선택하면 된다. 그리고 이름 부분에 "제지방량_임시"라는 변수명을 기입하면 변수를 선언할 수 있다.

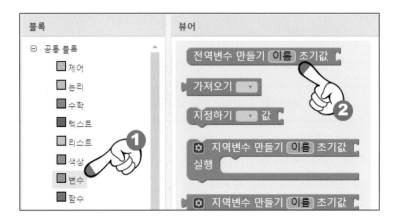

이 변수는 숫자 값을 가지는 변수이므로 [수학] 블록에서 상수 0 블록을 가져와서 초기값으로 끼워 넣는다. 물론, 의도에 따라 다른 숫자를 초기값으로 지정해도 된다.

전역변수 만들기 제지방량_임시 초기값 ❨ 0

② 이 문제는 입력 컴포넌트에 데이터를 입력하거나 선택하는 동작 외에 [측정하기] 버튼을 클릭하는 하나의 이벤트를 가진다. [측정하기] 버튼을 선택하는 시점부터 블록 코딩이 필요하다. 먼저, [블록] 영역의 [측정하기] 컴포넌트를 선택하고 [언제 측정하기. 클릭했을때] 블록을 선택한다.

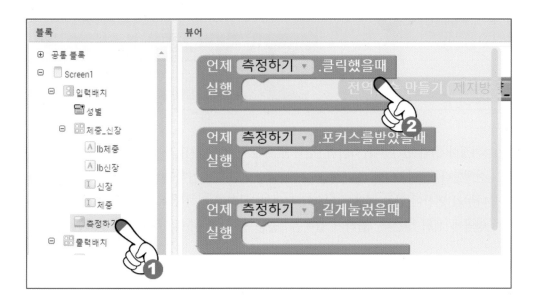

❸ 앞선 순서도에 따라 공통적인 제지방량을 구하기 위한 공통적인 연산을 실행하여 [제지방량_임시] 변수에 기억시킨다.

[제지방량_임시] = 128 × (체중² ÷ 신장²)

[블록] 영역의 [공통 블록]에서 [변수] 목록을 선택하여 [지정하기] 블록을 가져와서 이전 블록의 실행 영역에 끼워 넣는다.

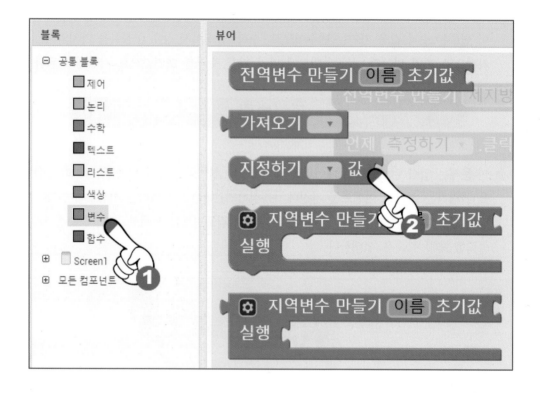

❹ [지정하기]의 빈칸을 클릭하면 [전역변수 제지방량_임시] 라는 변수가 하나있다. 이를 선택한다. 그리고 128 × (체중² ÷ 신장²) 연산에서 곱하기 연산이 바깥 영역에 있고 나누기 연산이 안쪽 영역에 있으므로 먼저, 곱하기 연산 블록을 [지정하기] 블록의 값 영역에 끼워 넣는다. 곱하기 블록은 [공통 블록]의 [수학] 목록에서 선택한다.

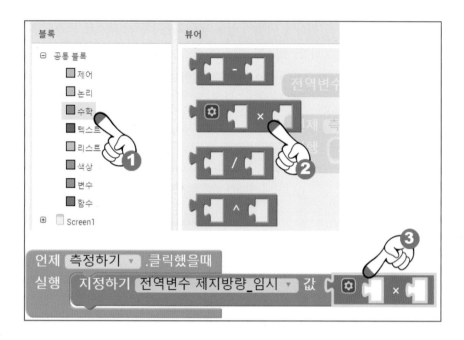

⑤ 곱하기 블록의 앞쪽 빈칸에는 128 상수를 넣기 위하여 [수학] 목록에서 상수 0 블록을
가져와서 끼워 넣고 128로 값을 변경한다. 뒤쪽 칸에는 (체중² ÷ 신장²) 연산을 위하
여 [수학] 목록에서 나누기 블록을 가져와서 끼워 넣는다.

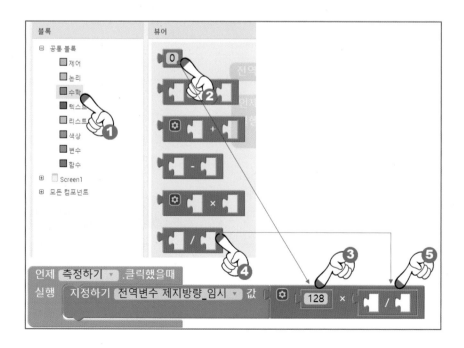

⑥ (체중² ÷ 신장²) 연산을 위하여 나누기 블록의 앞쪽은 [체중] 텍스트 박스의 텍스트를 제곱한 값을 뒤쪽에는 [신장] 텍스트 박스의 텍스트를 제곱한 값을 넣어야 한다. 이 때 체중과 신장은 밑이고 2가 지수이며 이를 위한 블록을 아래와 같이 [수학] 목록에서 찾을 수 있다.

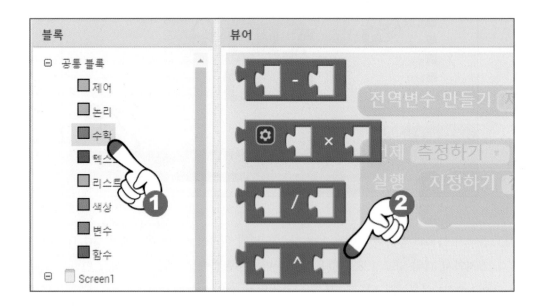

앞쪽에 [체중] 컴포넌트의 텍스트를 뒤쪽에는 상수 0 블록을 가져와서 2로 바꾸어 끼워 넣는다.

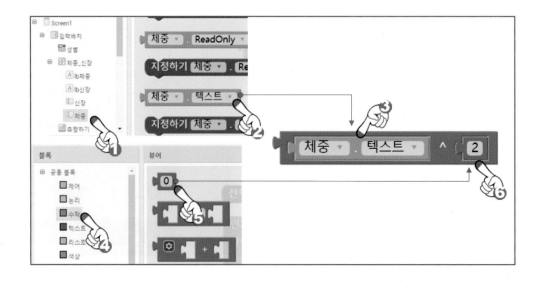

나누기의 뒤쪽 칸에는 [신장] 컴포넌트를 가져와서 위와 동일하게 블록을 구성하여 끼워 넣으면 된다.

여기까지가 순서도의 첫 번째 처리문장이 완료된 것이다.

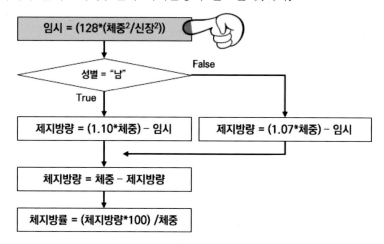

⑦ 이제 계산된 [전역변수 제지방량_임시] 값을 이용하여 남녀 구분에 따라 제지방향을 구하는 부분을 구현해야 한다. 먼저 [공통 블록]의 [제어] 목록에서 [만약 이라면 실행] 블록을 가져와서 파란색 옵션제어(⚙) 버튼을 클릭하여 [아니면] 블록을 추가한다.

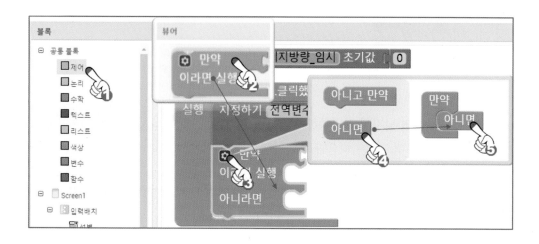

⑧ 비교할 조건은 [성별]의 선택된 항목이 "남"인지이다. 이를 위하여 [공통 블록]의 [논리] 목록에서 동일한지 비교하는 블록을 가져와서 만약(조건영역)부분에 끼워 넣는다. 그리고 조건문의 왼쪽에는 [성별] 컴포넌트의 [선택된항목]을 오른쪽에는 [텍스트] 목록에서 [문자열] 블록을 가져와 "남"으로 변경하여 끼워 넣는다.

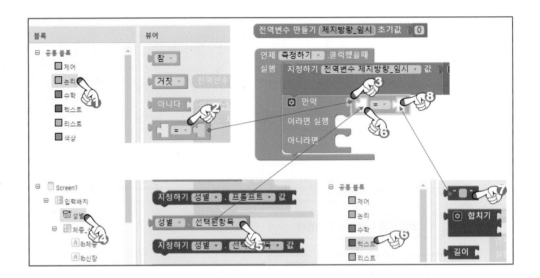

결과는 다음과 같다.

⑨ 조건을 만족하면 남자이고 만족하지 않으면 여자이기 때문에 [제지방량] 레이블에 표시되어야 하는 텍스트는 다음과 같다.

남성 = (1.10 x 체중) - ([제지방량_임시])
여성 = (1.07 x 체중) - ([제지방량_임시])

[수학] 목록에서 뺄셈 블록과 곱셈 블록을 가져와 아래와 같이 완성한다.

⑩ 그리고 남자 결과는 [이라면 실행] 부분에 여자 결과는 [아니라면] 부분에 끼워 넣으면 된다.

여기까지가 순서도의 조건문에 따른 수행이 완료된 것이다.

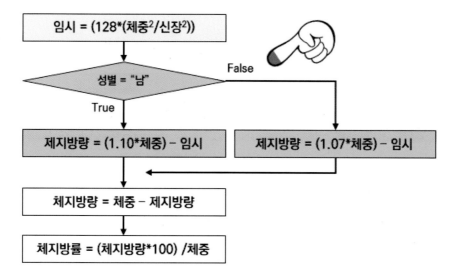

⑪ 이제 공통적인 체지방량과 체지방률을 구하는 블록을 구현하여야 한다. 각각의 블록은 [블록] 영역의 해당 컴포넌트를 선택하고 [지정하기 텍스트 값] 블록을 가져오면 된다.

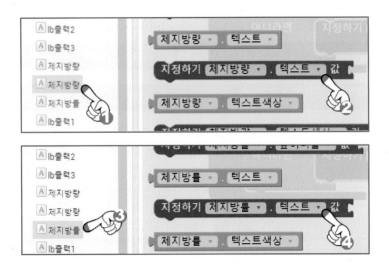

그리고 아래의 수식을 참고하여 블록의 연산을 완성한다. 체지방량은 뺄셈 블록으로 체지방률은 나눗셈과 곱셈 블록을 결합시켜 완성한다.

$$체지방량 = 체중 - 제지방량$$
$$체지방률 = (체지방량 \times 100) \div 체중$$

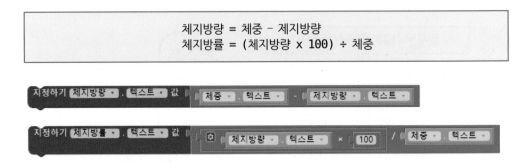

⑫ 위의 두 블록은 조건여부와 관계없이 공통적으로 수행되어야 하므로 [만약] 블록의 외부 하단에 배치한다.

여기까지가 순서도의 조건문 하단에 공통부분이 완료된 것이다.

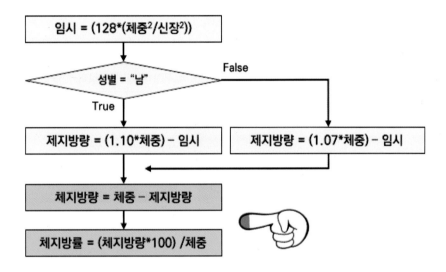

최종적인 결과물은 다음 그림과 같다.

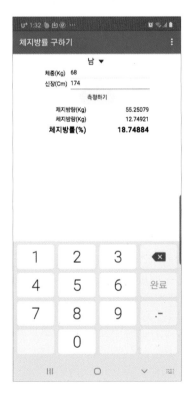 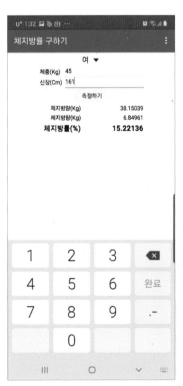

4.2 간단한 사칙연산 계산기

프로젝트명	App_Basic2
요구사항	• 사칙연산중 하나를 선택하여 입력한 두 수를 대상으로 연산을 수행하는 앱이다. • 연산을 선택하면 버튼의 배경 이미지를 바꾸고 클릭하면 결과가 출력되게 한다.
수행능력	• 버튼의 배경이미지 설정 및 스피너 컴포넌트를 익힌다. • 변수의 개념을 이해하고 코딩에 적용할 수 있다. • IF문을 이해하고 다중 조건에 대한 블록 코딩을 할 수 있다.
미리보기	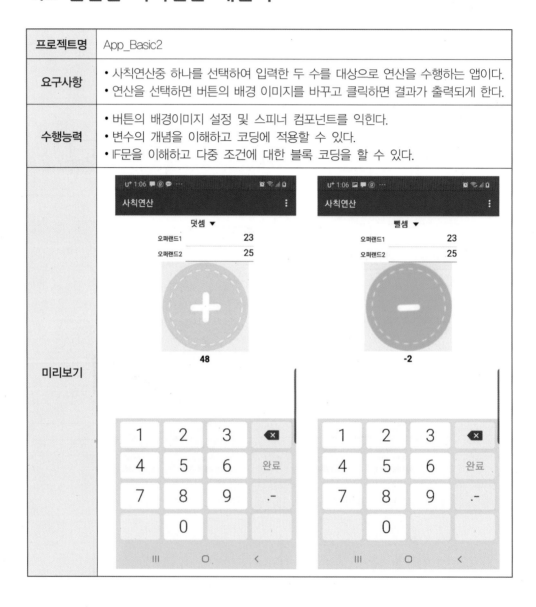

4.2.1 UI 설계

컴포넌트	미리보기

4.2.2 컴포넌트 속성

컴포넌트	유형	속성지정
Screen1	스크린	• 앱이름 : "App_Basic2" • 제목 : "사칙연산" • 수평정렬 : 가운데:3
수직배치1	레이아웃 – 수직배치	• 수평정렬 : 가운데:3
연산자	사용자인터페이스 – 스피너	• 요소문자열 : "덧셈,뺄셈,곱셈,나눗셈" • 프롬프트 : "연산선택" • 선택된항목 : "덧셈"
수평배치1	레이아웃 – 수평배치	• 수평정렬 : 가운데:3 • 수직정렬 : 가운데:3

컴포넌트	유형	속성지정
레이블_op1	사용자인터페이스 - 레이블	• 텍스트 : "오퍼랜드1" • 글꼴크기 : 14
텍스트_op1	사용자인터페이스 - 텍스트박스	• 글꼴크기 : 20 • 숫자만 : 체크 • 텍스트 : " " • 텍스트정렬 : 오른쪽:2
수평배치2	레이아웃 - 수평배치	• 수평정렬 : 가운데:3
레이블_op2	사용자인터페이스 - 레이블	• 텍스트 : "오퍼랜드2" • 글꼴크기 : 14
텍스트_op2	사용자인터페이스 - 텍스트박스	• 글꼴크기 : 20 • 숫자만 : 체크 • 텍스트 : " " • 텍스트정렬 : 오른쪽:2
수행버튼	사용자인터페이스 - 버튼	• 이미지 : "add.png" • 텍스트 : " "
결과보기	사용자인터페이스 - 레이블	• 너비 : "부모요소에 맞추기 • 텍스트정렬 : 가운데:1 • 글꼴크기 : 20 • 배경색 : 흰색

① 상단 [프로젝트] 메뉴에서 [새 프로젝트 시작하기] 메뉴를 선택하거나 [새 프로젝트 시
   작하기] 버튼을 누르면 새로운 앱 인벤터 프로젝트 만들기 대화상자가 나타난다.

② 하단의 대화상자에 프로젝트 이름(App_Basic2)을 입력하고 확인 버튼을 누른다.

③ UI 설계에서 언급한 컴포넌트를 뷰어 화면에 배치한다.

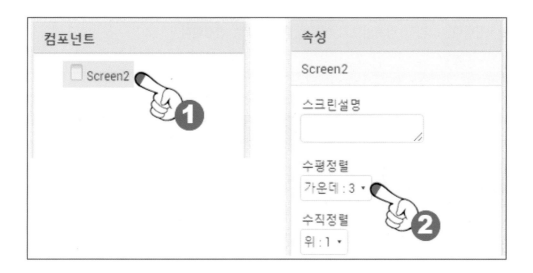

먼저, 레이아웃을 중앙으로 정렬하기 위하여 [Screen] 속성의 수평정렬을 "가운데:3"
로 지정한다.

④ 전체적인 컴포넌트는 수직으로 배치되기 때문에 최상위 레이아웃은 [수직배치] 레이
아웃을 위치시키고 수평정렬을 "가운데:3"으로 지정한다.

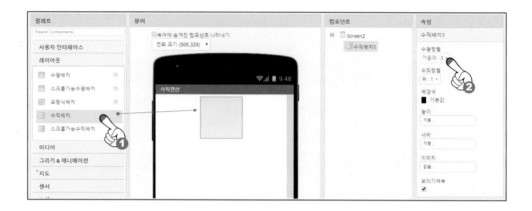

❺ 연산을 종류를 목록에서 선택하겠금 하기 위하여 먼저, [사용자인터페이스] 목록에서 [스피너] 컴포넌트를 배치시킨다. 그리고 [속성] 목록에서 요소문자열을 "덧셈, 뺄셈, 곱셈, 나눗셈"으로 지정하고 프롬프트는 목록창의 제목으로 "연산선택"이라고 입력한다. 앱이 시작되면 기본적으로 덧셈을 선택되게 하기 위하여 선택된 항목에 "덧셈"으로 설정한다. 그리고 컴포넌트의 이름을 "연산자"로 변경한다.

❻ 그리고 [수평배치] 레이아웃을 배치하고 내부에 [레이블]과 [텍스트박스]을 각각 배치한다. 관련 속성 값은 컴포넌트 속성에 지정한 대로 하단과 같이 설정한다. 각각의 이름도 "레이블_op1"과 "텍스트_op1"으로 변경한다. 특히 텍스트 박스는 연산을 위한 숫자만 입력되어야 하므로 반드시 [속성] 목록에서 숫자만 부분을 체크하여야 한다.

이는 입력의 무결성 유지[12]를 위한 조치이기도 한다.

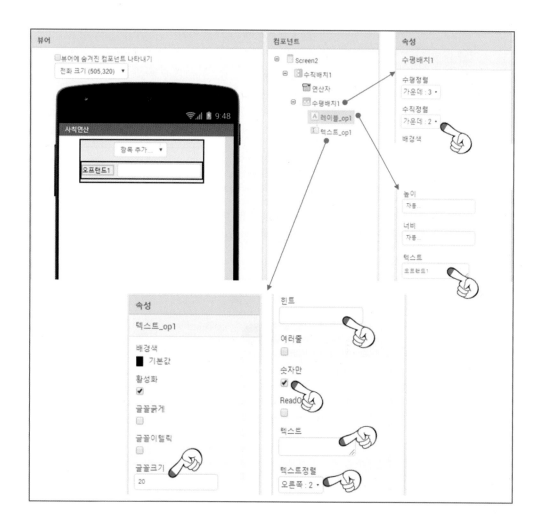

두 번째 오퍼랜드을 위한 "수평배치2"와."레이블_op2"과 "텍스트_op3"도 위한 동일한
방법으로 배치한다.

❼ 이 앱에는 네 개의 이미지를 사용하기 때문에 [미디어] 영역에서 [파일 올리기…] 버
튼을 눌러 네 개의 파일을 추가한다.

---

12) 무결성 유지는 결점을 찾아 없애는 것이 아니고 애초부터 문제화 될 수 있는 요소는 진입하지 못하게
하는 사전 예방차원의 용어이다.

⑧ 다음은 [사용자인터페이스] 목록에서 [버튼]을 배치한다. 버튼에는 텍스트 속성대신에
이미지를 지정한다. 초기 이미지는 덧셈을 위한 "add.png"을 지정하고 텍스트 속성은
공백으로 한다. 그리고 이름은 "수행버튼"으로 바꾼다.

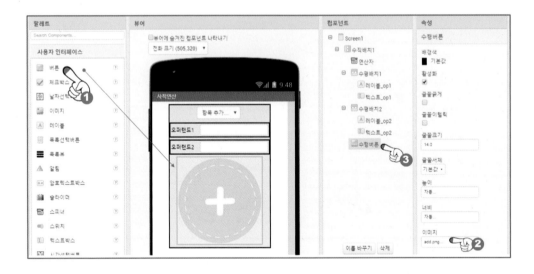

⑨ 마지막으로 결과 값을 표시하기 위하여 [레이블] 컴포넌트를 추가하여 배경색을 "흰색",
너비를 "부모 요소에 맞추기"를 지정한다. 텍스트는 "0"으로 하고 글꼴크기는 "20", 글
꼴굵게도 체크한다. 컴포넌트의 이름은 "결과표시"로 바꾼다.

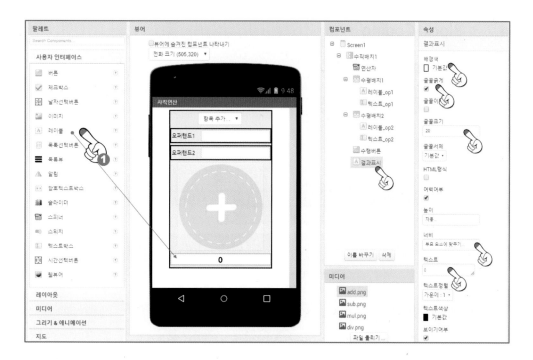

이상으로 요구사항에서 언급한 컴포넌트의 배치는 모두 완료되었다. 이제 [블록] 화면에서 [수행버튼]을 클릭하면 연산을 수행하는 코딩을 하면 된다.

4.2.3 Block Coding

■ 최종 블록 코딩 미리보기

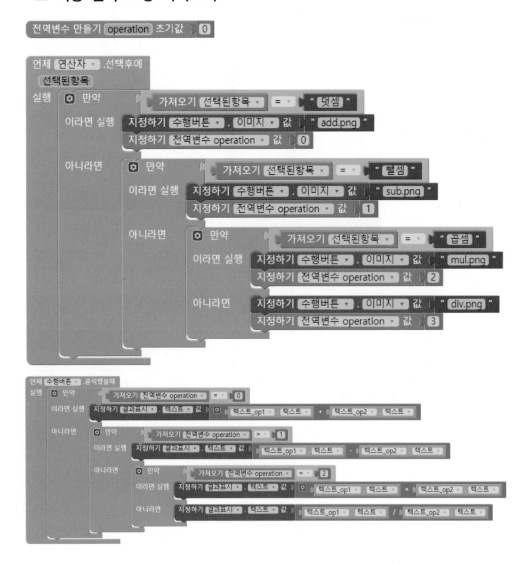

② 블록 코딩을 위한 문제 분석

코딩의 결과가 다소 복잡하게 보일 것이다. 하지만 각 문제를 분해하면 쉽게 이해 될 수 있으며 단계적으로 차근히 접근해 보자. 먼저, 문제를 해결하기 위한 절차를 간단히 정리하면 다음과 같다. [13]

① [연산자]를 선택하면 버튼의 이미지를 해당 연산의 이미지로 변경한다.

② 그리고 선택된 연산을 무엇인지를 기억하기 위하여 operation 변수에 덧셈은 0, 뺄셈은 1, 곱셈은 2, 나눗셈은 3를 저장한다.(이 부분은 저장없이 연산자 선택의 텍스트 값을 가져와도 되지만 변수의 사용을 실습하기 위함이다.)

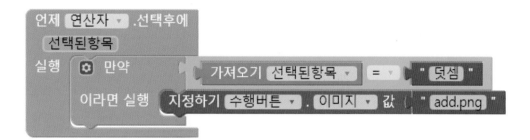

---

13) 단순한 컴포넌트의 사용법만을 고집하면 더 이상의 발전은 없다. 그냥, 한 학기동안 앱인벤트을 구경한 것에 불가하다. 제어의 흐름이나 문제처리를 위한 다양한 고민을 통해서 사고력과 문제 해결 능력을 증대시킬 수 있으며 여러분의 다양한 전공 분야에 적용 가능한 산출물을 스스로 만들어 낼 수 있다. 인내하고 학습하는 자만이 달콤한 열매를 맛 볼 수 있다.

여기서, ❶과 ❷에서 선택하는 연산의 종류는 네 가지이므로 이를 식별하기 위한 순서도는 다음과 같이 표현할 수 있다.

먼저, 코딩에 앞서 아래 순서도를 서로 이야기해 보고 동작의 흐름이 이해가 되었다면 실제 코딩에 들어가자. 단순이 따라하는 것은 의미가 없다. 지금부터 30분 동안 스스로 설명이 될 수 있게 말이나 글로서 표현해 보자.

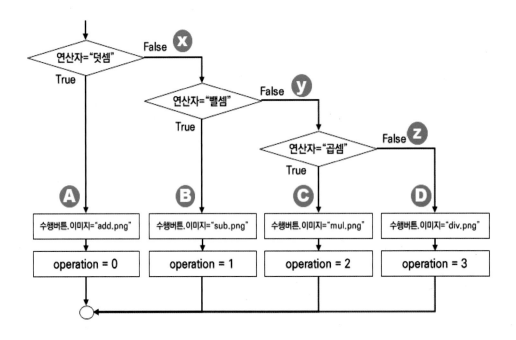

위의 순서도를 자연어로 표현하면 다음과 같다.

[연산자]가 선택에 되면 어떤 [연산자]가 선택되었는지를 비교 판단하는 도식입니다. 판단해야 할 식별요소가 네 가지이기 때문에 세 번의 비교판단만 있으면 됩니다. 세 번의 비교에 만족하지 않았다면 나머지 한가지이기 때문입니다.

먼저, [연산자]가 "덧셈"인지를 비교하여 만족하며(Ⓐ)

[수행버튼]의 이미지 속성을 "add.png"로 변경(지정)합니다. 그리고 operation이라는 전역변수에 0값을 지정합니다.

덧셈이 아니라면(Ⓧ) "뺄셈"인지를 비교하고 만족하면(Ⓑ)

"sub.png"를 [수행버튼]의 이미지 속성으로 지정하고 operation 변수는 1로 지정합니다.

"뺄셈"도 아니라면(Ⓨ) "곱셈"인지 비교하고 만족하면(Ⓒ)

"mul.png"를 [수행버튼]의 이미지 속성으로 지정하고 operation 변수는 2로 지정합니다.

"곱셈"도 아니라면(Ⓩ)

남아있는 것은 "나눗셈"밖에 없기 때문에 별도의 비교없이 "나눗셈"에 해당하는(Ⓓ) "div.png"를 [수행버튼]의 이미지 속성으로 지정하고 operation 변수는 3으로 지정합니다.

❸ [수행버튼]을 클릭하면 선택과 연산에 따라 네 가지 연산동작 중 하나를 선택하여 수행하고 결과를 [결과표시] 레이블에 지정한다.

[연산자] 선택과 마찬가지로 [수행버튼]도 네 가지 동작을 해야 한다. [연산자] 스피너 컴포넌트가 선택되면 선택된 항목에 따라 0부터 3까지의 숫자를 operation 변수에 기억시켜 두었다. 이 변수를 식별자로 하여 다음과 같이 순서도로 표현할 수 있다.

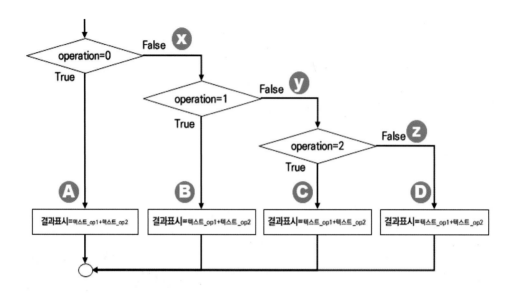

위의 순서도를 자연어로 표현하면 다음과 같다.

[수행버튼]이 클릭 되면 어떤 연산을 해야 하는지 비교 판단하는 도식입니다. 식별을 위한 요소는 [연산자] 선택시에 [operation] 변수에 기억해 뒀기 때문에 [operation] 변수를 식별자로 하여 비교하면 된다.

먼저, [operation] 이 0으로 덧셈인지를 비교하여 만족하며(Ⓐ)

[결과표시] 레이블에 [텍스트_op1]의 값(텍스트)과 [텍스트_op2]의 값(텍스트)을 더하여 표시한다.

0이 아니라면(Ⓧ) 뺄셈인지를 확인하기 위하여 1과 비교하고 만족하면(Ⓑ)

[결과표시] 레이블에 [텍스트_op1]의 값(텍스트)에 [텍스트_op2]의 값(텍스트)을 뺄셈하여 표시한다.

1도 아니라면(Ⓨ) 곱셈인지 확인하기 위하여 2와 비교하고 만족하면(Ⓒ)

[결과표시] 레이블에 [텍스트_op1]의 값(텍스트)과 [텍스트_op2]의 값(텍스트)을 곱하여 표시한다.

2도 아니라면(ⓩ)

> 남아있는 것은 나눗셈에 해당하는 3이므로 별도의 비교없이 [결과표시] 레이블에 [텍스트
> _op1]의 값(텍스트)에 [텍스트_op2]의 값(텍스트)을 나누어하여 표시한다. (ⒹⒹ)

③ 블록 코딩 절차

① 위 문제 분석을 통해 하나의 변수가 필요하다는 것을 알 수 있다. 변수의 만드는 방법
은 [블록] 영역의 [공통 블록] 목록의 [변수] 블록을 클릭하고 [전역변수 만들기]을 선
택하면 된다. 그리고 이름 부분에 "operation"이라는 변수명을 기입하면 변수를 선언
할 수 있다.

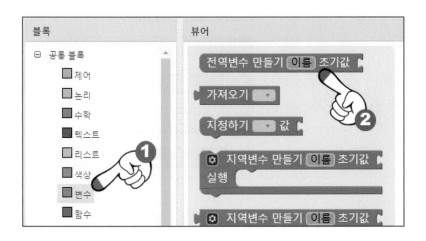

변수명은 코딩 영역 내에서 유일 존재이기 때문에 복수개의 변수를 만들 때는 이름이
중복되지 않게 유의해야 한다. 그리고 가능하면 변수명은 의미 파악이 가능한 용도의
상징적인 이름을 부여하는 것이 좋다.

이 변수는 숫자 값을 가지는 변수이므로 [수학] 블록에서 상수 0 블록을 가져와서 초
기값으로 끼워 넣는다. 물론, 의도에 따라 다른 숫자를 초기값으로 지정해도 된다.

❷ 위 문제는 두 가지의 동작 이벤트가 있다. [연산자]을 선택하는 이벤트와 [수행버튼]을 클릭하는 이벤트이다. 물론 텍스트 박스도 포커스와 관련된 이벤트를 가지지만 우리 앱에서는 사용하지 않는다. 먼저, [연산자] 선택후에 수행되는 절차를 코딩해 보자.

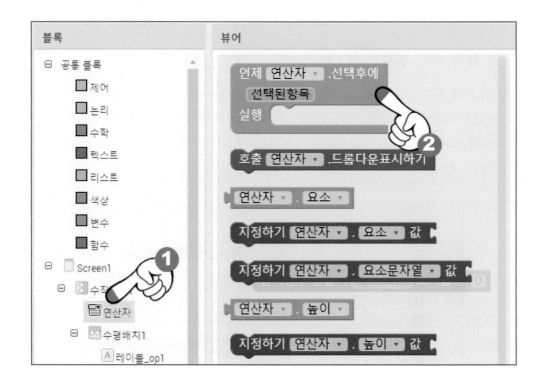

위와 같이 [블록] 영역에서 [연산자] 컴포넌트를 선택하여 상단의 [언제 연산자.선택후에] 블록을 지정한다.

이 블록에는 [선택된항목]이라는 내부 지역변수가 하나 있는 것을 알 수 있다. 지역변수는 해당 블록 내에서만 인식되고 해당 블록을 벗어나면 인식되지는 않는 특성이 있다. 참고로 우리가 선언한 operation변수는 전체 블록에서 사용할 수 있는 전역변수이다.

❸ 앞서 언급한 순서도에서 살펴 본 것과 같이 [연산자]가 선택된 후에는 어떤 항목이 선택되었는지 세 번의 비교판단(IF)을 해야 한다. 이를 위하여 [공통 블록]의 [제어] 목록에서 [만약-이라면 실행] 블록을 추가한다.

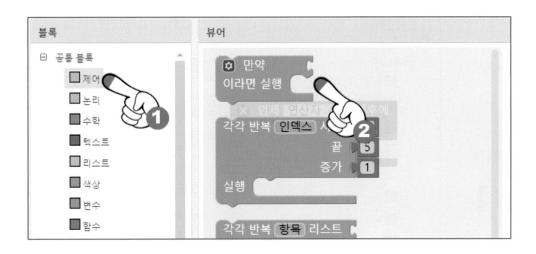

추가된 블록을 기존 2번의 블록에 끼워 넣기 한다. 이 블록은 기본적으로 조건이 만족할 경우의 실행 요소만 있기 때문에 파란색 옵션제어(⚙)를 클릭하여 [아니면] 블록을 오른쪽 [만약] 블록에 끼워 넣는다.

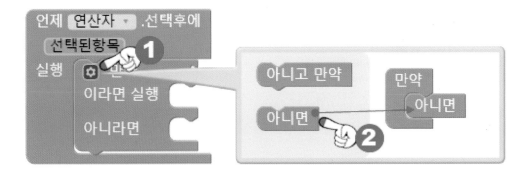

④ 첫 번째 비교판단은 [연산자] 컴포넌트의 [선택된항목] 변수의 값이 "덧셈"인지를 비교해야 한다. 비교를 위하여 [공통 블록]의 [논리] 목록에서 두 값이 같은지를 비교하는 블록을 가져온다. 가져온 블록은 이전 3번 블록의 [만약] 부분에 끼워 넣는다. [만약] 부분은 비교하고자하는 조건이 들어가는 부분이다.

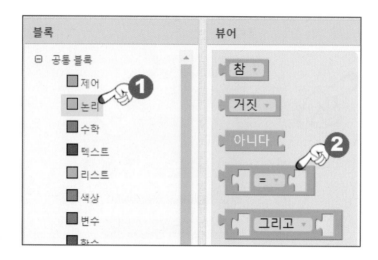

⑤ 비교할 두 값은 [연산자]의 [선택된항목] 변수와 "덧셈"이므로 왼쪽 빈칸에는 아래와
같이 [선택된항목]을 클릭하여 [가져오기 선택된항목]을 끼워 넣고 오른쪽 빈칸에는
[공통 블록]의 [텍스트] 목록에서 텍스트 문자열 블록을 가져와서 끼워넣고 "덧셈"이라
고 문자열을 바꾼다.

⑥ 이 조건이 만족하면 두 가지 동작을 수행해야 한다. [수행버튼]의 배경 이미지를 바꾸는 것과 operation변수의 값을 0을 지정하는 것이다. 먼저, [수행버튼]의 이미지를 변경하기 위하여 [블록] 영역의 [수행버튼] 컴포넌트를 선택하여 아래와 같이 [지정하기 수행버튼.이미지 값] 블록을 가져온다.

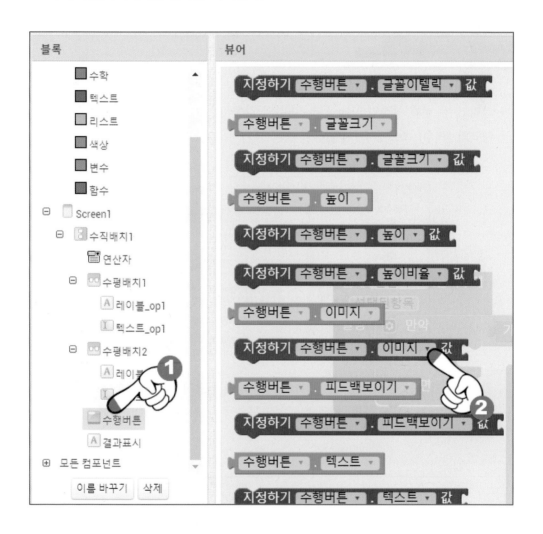

가져온 블록의 값에는 [공통 블록] 영역의 [텍스트] 목록에서 [문자열] 블록을 가져와서 값을 "add.png"로 변경하고 끼워 넣는다.

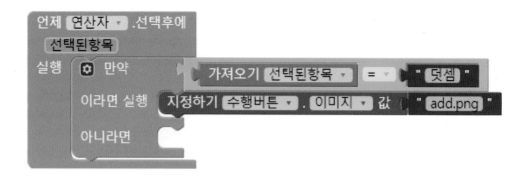

❼ 그리고 두 번째 동작인 operation 변수의 값을 0으로 변경하기 위하여 [공통 블록] 영역의 [변수] 목록에서 [지정하기] 블록을 가져온다.

가져온 블록에는 값을 지정하기 위하여 아래 그림과 같이 [전역변수 operation]을 지정하고 값에는 [공통 블록] 영역의 [수학] 목록에서 [기본 숫자(0)] 블록을 가져와서 끼워 넣는다.

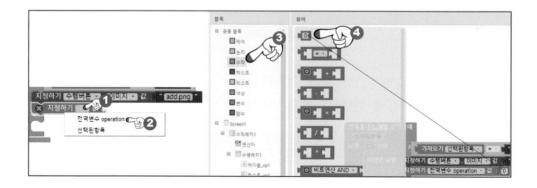

⑧ "덧셈"이 아니라면 무엇을 해야 할까? "뺄셈"인지를 비교해야 한다. 이는 이미 작성은 비교판단을 위한 블록과 구조가 동일하므로 [만약] 블록에서 오른쪽 마우스를 클릭하여 [복제하기]를 선택한다.

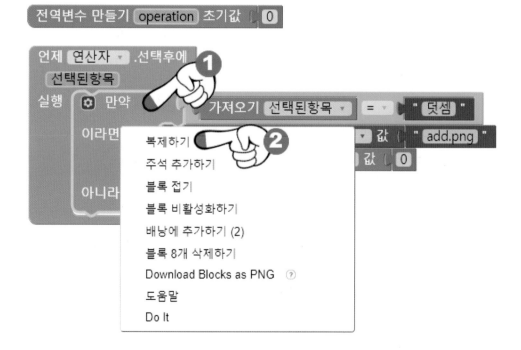

그리고 비교문자열을 "뺄셈"으로 이미지 값은 "sub.png", operation 값을 1변경하고 기존 [만약] 블록의 [아니라면] 부분에 끼워 넣는다.

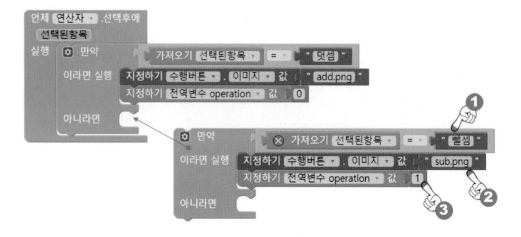

⑨ 이제 대략적인 감이 왔을 것으로 생각한다. "곱셈"을 위한 블록도 동일하게 "뺄셈"영역
의 블록을 [복제하기]하여 "뺄셈" 인지를 비교하는 블록의 [아니라면] 부분에 끼워 넣
고 해당 문자열("곱셈")과 이미지 값("mul.png"), operation(2)을 변경한다.

⑩ 마지막은 별도의 비교 없이도 나눗셈에 해당하므로 아래와 같이 [아니라면]에 해당 값
을 지정하면 된다.

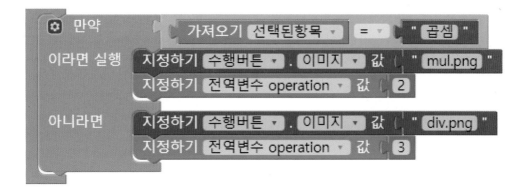

여기까지가 [연산자] 컴포넌트에서 목록을 선택한 후에 동작되는 부분을 코딩한 결과
이다. 완성된 앱은 아니지만 실행해 보면 [연산자] 선택에 따라 [수행버튼]의 이미지가
변경되는 것은 확인할 수 있다.

⑪ 이제 [수행버튼]을 클릭하면 연산 결과를 [결과표시] 레이블에 표시하는 코딩을 해보
자. 먼저, [블록] 영역의 [수행버튼] 컴포넌트를 선택하고 [언제 수행버튼.클릭했을때]
블록을 가져온다.

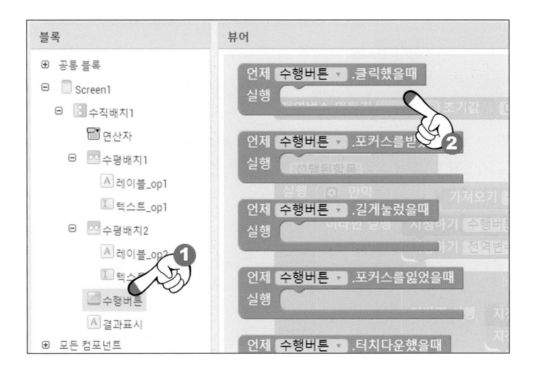

⑫ 앞선 동작과 동일하게 operation변수의 값을 세 번 비교해야 한다. 먼저, [공통 블록] 영역의 [제어] 목록에서 [만약 이라면 실행] 블록을 가져와서 [수행버튼.클릭] 블록의 [실행] 부분에 끼워 넣고 파란색 옵션제어(⚙)를 선택하여 [아니면] 블록을 추가한다.

⑬ 조건 비교를 위하여 [공통 블록] 영역의 [논리] 목록에서 비교 블록을 선택하고 왼쪽 칸에는 [변수] 목록의 [가져오기] 블록을 선택하고 [전역변수 operation]을 지정한다. 오른쪽 칸에는 [수학] 목록의 [기본 숫자(0)] 블록을 가져와서 끼워 넣는다.

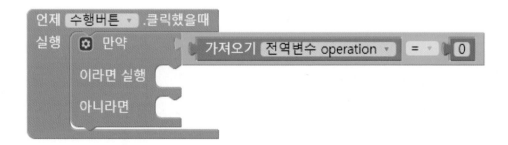

⑭ 위 조건에서 operation이 0이면 두 텍스트를 더하여 [결과 표시] 레이블에 값을 지정하면 된다. [블록] 영역의 [결과표시] 컴포넌트를 선택하여 [지정하기.텍스트 값] 블록을 추가한다.

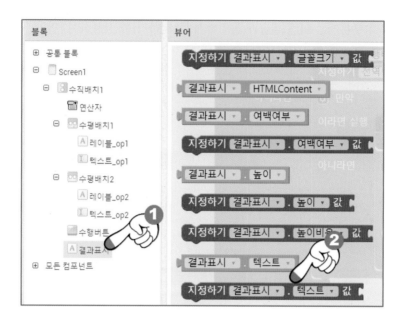

추가된 블록은 [이라면 실행] 부분에 끼워 넣고 [공통 블록]의 [수학] 목록에서 [덧셈] 블록 가져와서 값 부분에 끼워 넣는다.

⑮ [덧셈] 블록의 왼쪽 칸에는 [텍스트_op1] 컴포넌트의 텍스트 블록을 넣고 오른쪽 칸에 는 [텍스트_op2] 컴포넌트의 텍스트 블록을 넣으면 된다.

⑯ [아니라면] 부분에는 이전 실습과 동일하게 [복제하기]를 사용하여 [만약] 블록을 끼워 넣고 비교하는 값을 1로 연산은 [공통 블록] 영역의 [수학] 목록에서 [뺄셈] 블록으로 수정하면 된다.

⑰ 곱셈과 나눗셈도 아래와 같이 블록을 복제하여 추가한 후에 각 비교 값을 수정하고 해당 연산 블록을 교체하면 된다.

최종적인 결과물은 다음 그림과 같다.

4.3 입력 오류 점검하기

4.3.1 입력 오류 점검

위 사칙연산 앱을 수행하다 보면 오류가 발생하는 경우가 있다. 두 오프랜드에 모두 숫자 정보가 입력된 이후에 [수행버튼]을 클릭하면 문제가 없지만 하나라도 정보를 입력하지 않고 [수행버튼]을 클릭하면 다음과 같은 오류 메시지가 출력된다.

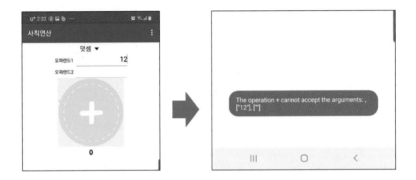

연산을 위한 두 인수가 수용되지 않는다는 의미이다.

① 전체적인 절차상으로 문제는 없지만 예외적인 입력에 대해서도 연산 전에 유효한 값인 지 아닌지를 식별하고 프로그램을 진행해야 한다. 먼저, 오류나 알림 메시지를 출력하기 위한 컴포넌트를 추가해 보자.

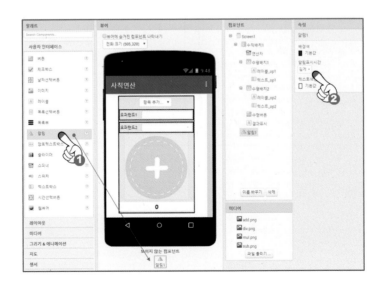

[사용자 인터페이스] 영역에 [알림] 컴포넌트를 추가한다. 이 컴포넌트는 화면상에 표시되지 않기 때문에 하단에 "보이지 않는 컴포넌트"에 표시된다. 그리고 속성상을 보면 [알림표시간]을 "길게" 또는 "짧게"로 설정할 수 있다.

② 블록 코딩에서는 [수행버튼]이 클릭되면 두 오퍼랜드가 모두 숫자 정보를 가지는지 확인을 하고 숫자 정보를 가지고 있으면 당초의 수행 블록을 그대로 수행하고 숫자 정보가 아니면 [알림1] 컴포넌트를 통해 원하는 메시지를 출력하고 이벤트를 종료하면 된다.

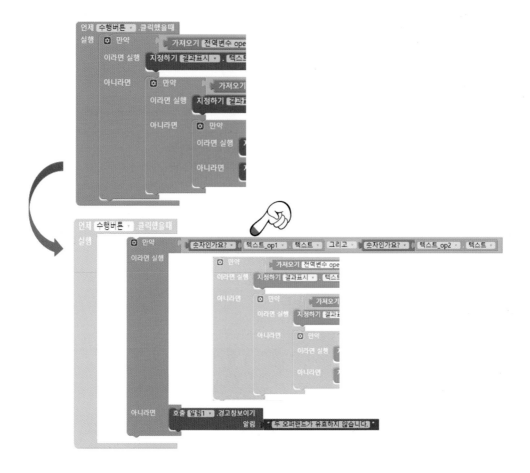

위 그림을 보면 쉽게 이해 될 수 있을 것이다. 기존의 블록코딩 결과에서 [수행버튼] 클릭 블록과 수행 블록 사이에 오퍼랜드 검사를 위한 조건 블록이 추가되는 구조이다.

조건은 [텍스트_op1]과 [텍스트_op2] 모두가 숫자 정보를 가져야 하므로 [논리] 목록에서 [그리고] 블록을 추가하여 양쪽에 [텍스트_op1]과 [텍스트_op2]가 숫자인지를 조사하고 있다. [숫자인가요?] 블록은 [수학] 목록에 있다.

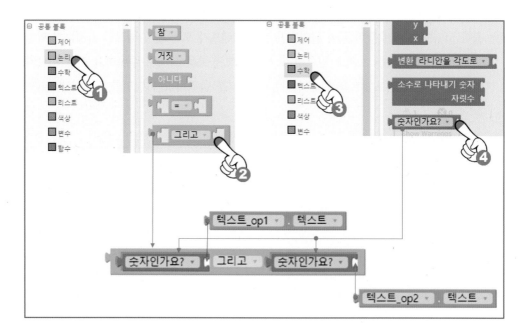

③ 알림은 [블록] 영역의 [알림1] 컴포넌트를 선택하여 [호출 – 경고창보이기] 블록을 추가하고 [알림]에는 [텍스트] 목록의 문자열 블록을 이용하여 "두 오퍼랜드가 유효하지 않습니다."라는 메시지를 끼워 넣는다.

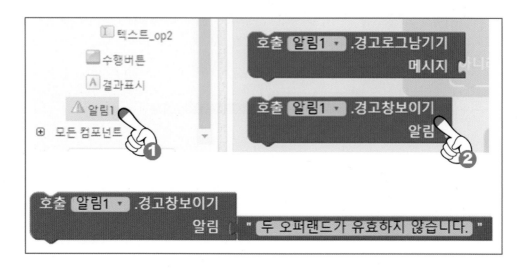

④ 이렇게 작성된 블록을 2번에서 보여진 순서에 따라 재결합시키면 아래와 같은 완성된
블록 코딩결과를 볼 수 있다.

⑤ 향후 코딩에서도 문제가 발생할 가능성이 있다면 간과하지 말고 해당 상황에 대한 경
고창 등으로 사용자에게 사실을 알리고 올바른 수행을 위한 동작을 지시하는 형태로
코딩해 보도록 하자.

"[App_Basic1] 남녀 체지방률 구하기" 에서도 체중과 신장을 입력 받으면서 입력 값에 대한
유효성을 검사하지 않았다. 각자 입력 값 유효성을 검사해 보자.

4.4 연습문제

App_Basic1에 나이를 추가로 입력받아 체지방률의 정상 유무를 판단하는 앱을 만들어
보자.

프로젝트명	Ex_App_Basic				
요 구 사 항	■판단 기준은 병리적 근거는 가지지 않고 다음 기준에 따라 처리한다.				
	성별	나이	표준	비만	과비만
	남자	30세 이전	19.9% 이하	20~34.9%	35% 이상
		30세 이후	22.9% 이하	23~37.9%	38% 이상
	여자	30세 이전	23.9% 이하	24~39.9%	40% 이상
		30세 이후	26.9% 이하	27~42.9%	43% 이상
컴포넌트			완성화면		

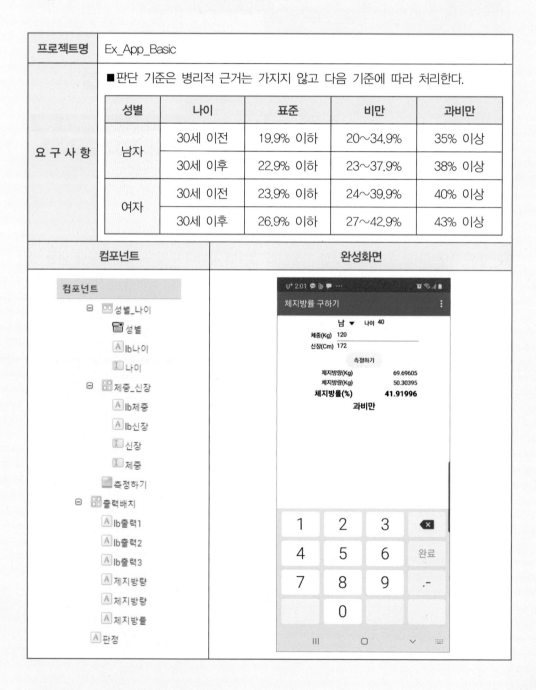

기초코딩과 문제해결_with APP INVENTOR

CHAPTER

05

센서를 이용한 앱 제작

기초코딩과 문제해결_with APP INVENTOR

05 CHAPTER 센서를 이용한 앱 제작

5.1 만보기 만들어 보기

프로젝트명	App_Pedometer
요구사항	• 스마트폰의 센서를 이용하여 만보기를 구현해 보자. • 측정시작, 정지 및 종료 버튼을 가지며 총 걸음수와 거리를 결과로 출력한다.
수행능력	• 이벤트를 이용한 블록 코딩과 각 레이블에 해당 값을 출력하는 방법을 익힌다. • 수치의 정형화를 위한 올림, 반올림, 내림 등의 함수를 프로그램에 적용할 수 있다.
미리보기	U⁺ 8:11 ♪ ▶ ··· 🔋 📶 🔋 만보기 ⋮ **27** 걸음수 **19** 거리환산(m) 측정시작　일시정지　측정종료

5.1.1 UI 설계

컴포넌트	미리보기

5.1.2 컴포넌트 속성

컴포넌트	유형	속성지정
Screen1	스크린	• 앱이름 : "App_Pedomter" • 제목 : "만보기" • 아이콘 : "pedomter.png" • 기본색상 : 주황 • 수평정렬 : 가운데:3
수직배치1	레이아웃 – 수직배치	• 수평정렬 : 가운데:3 • 너비 : 부모 요소에 맞추기
걸음수표시	사용자인터페이스 – 레이블	• 텍스트 : 0 • 글꼴크기 : 50 • 텍스트색상 : 빨강 • 글꼴굵게 : 체크

컴포넌트	유형	속성지정
레이블_걸음수	사용자인터페이스 – 레이블	• 텍스트 : "걸음수" • 글꼴크기 : 14
거리표시	사용자인터페이스 – 레이블	• 텍스트 : 0 • 글꼴크기 : 50 • 글꼴굵게 : 체크
레이블_거리	사용자인터페이스 – 레이블	• 텍스트 : "거리환산(m)" • 글꼴크기 : 14
수평배치1	레이아웃 – 수평배치	• 수평정렬 : 가운데:3 • 너비 : 부모 요소에 맞추기
측정시작	사용자인터페이스 – 버튼	• 텍스트 : "측정시작" • 글꼴굵게 : 체크 • 글꼴크기 : 20
일시정지	사용자인터페이스 – 버튼	• 텍스트 : "일시정지" • 글꼴굵게 : 체크 • 글꼴크기 : 20
측정종료	사용자인터페이스 – 버튼	• 텍스트 : "측정종료" • 글꼴굵게 : 체크 • 글꼴크기 : 20
만보기1	센서 – 만보기	• 정지감지시간 : 2000 • 보폭 : 0.73

❶ 상단 [프로젝트] 메뉴에서 [새 프로젝트 시작하기] 메뉴를 선택하거나 [새 프로젝트 시
작하기] 버튼을 누르면 새로운 앱 인벤터 프로젝트 만들기 대화상자가 나타난다.

② 하단의 대화상자에 프로젝트 이름(App_Pedomter)을 입력하고 확인 버튼을 누른다.

③ UI 설계에서 언급한 컴포넌트를 뷰어 화면에 배치한다. 먼저, 레이아웃을 중앙으로 정렬하기 위하여 [Screen1] 속성의 수평정렬을 "가운데:3"로 지정하고 앱이름은 "App_Pedometer"로 지정한다. 스마트폰 앱의 아이콘을 바꾸기 위하여 아이콘 속성은 [미디어]에 "pedometer.png" 파일을 등록하고 해당 파일로 수정하고 기본 색상은 "주황"으로 지정한다.

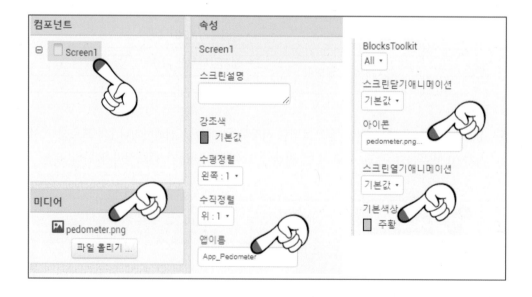

④ 레이블 컴포넌트를 수직으로 배치하기 위하여 최상위 레이아웃은 [수직배치] 레이아웃을 위치시키고 수평정렬을 "가운데:3"으로 지정하고 너비는 "부모 요소에 맞추기"를 선택한다.

⑤ 상단에는 네 개의 레이블이 배치된다. 걸음수와 거리를 표시하는 레이블과 각각의 설명문에 해당하는 컴포넌트가 배치된다. 각 컴포넌트의 이름과 [속성]은 하단의 그림을 참고하여 지정한다.

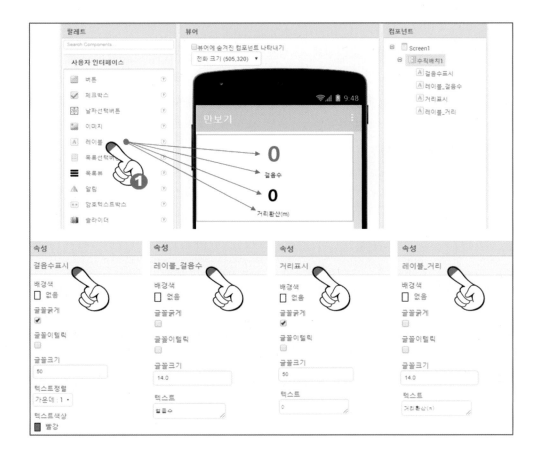

⑥ 그리고 하단에는 [수평배치] 레이아웃을 배치하고 내부에 세 개의 버튼 컴포넌트를 배치한다. 배치된 버튼의 이름은 "측정시작", "일시정지", "측정종료"라고 하고 [속성]의 텍스트로 동일하게 설정한다. 그 외 속성은 공통적으로 다음과 같다.

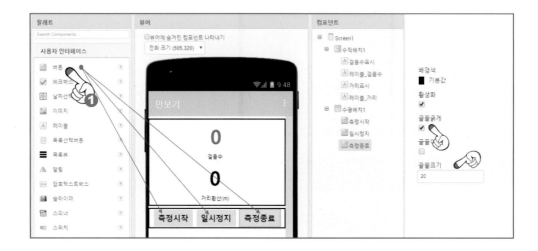

⑦ 마지막으로 [센서] 목록에서 [만보기] 컴포넌트를 [뷰어] 영역에 추가한다. [만보기] 컴포넌트는 "보이지 않는 컴포넌트"이므로 별도로 표시는 되지 않고 하단에 표시된다. [속성]은 감지시간에 해당하는 2000과 보폭 0.73으로 한다. 2000은 ms 단위로 2초를 의미하고 0.73은 한 발자국을 73cm로 간주한다는 의미이다. 이는 사용자가 적절하게 변경할 수 있다.

이상으로 요구사항에서 언급한 컴포넌트의 배치는 모두 완료되었다. 이제 [블록] 화면에서 각 버튼을 클릭하면 해당 동작을 수행하는 코딩을 하면 된다.

5.1.3 Block Coding

▮ 최종 블록 코딩 미리보기

▮ 블록 코딩을 위한 문제 분석

이번 문제에서는 크게 고민해야 할 문제 분석 요소는 없다. 해당 이벤트가 발생하면 독립적으로 각 이벤트에 해당하는 동작만 명시하면 된다. [측정시작] 버튼을 클릭하면 만보기 센서의 동작을 시작하면 되고 센서로부터 걸음이 감지되면 걸음수와 거리를 표시하면 된다. 그리고 [일시정지] 버튼이 클릭되면 만보기 센서를 정지시키고 [측정종료] 버튼이 클릭되면 만보기 센서을 초기화 시키고 표시된 걸음수와 거리 표시를 0으로 초기화하면 된다.

▮ 블록 코딩 절차

① 먼저, [블록] 영역의 [측정시작] 컴포넌트를 선택하고 클릭 이벤트를 [뷰어] 영역에 배치하고 [만보기1] 컴포넌트를 선택하고 [호출 만보기1.시작하기] 블록을 이전 블록에 끼워 넣는다.

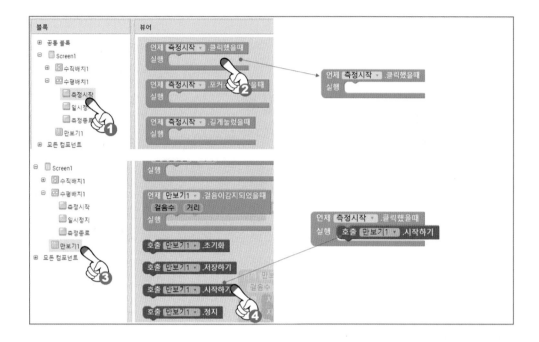

② 두 번째 이벤트는 걸음이 감지될 때의 동작이다. [만보기1] 컴포넌트를 선택하고 [언제 만보기1.걸음이감지되었을때] 블록을 추가하고 내부에 [걸음수표시] 레이블의 [지정하기 텍스트 값] 블록과 [거리표시] 레이블의 [지정하기 텍스트 값] 블록을 끼워 넣는다.

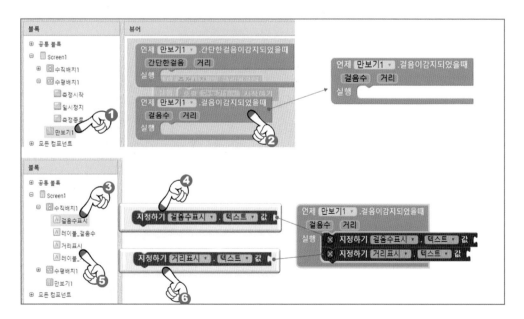

③ 그리고 [지정하기 걸음수표시 텍스트 값] 블록에는 [언제 만보기1.걸음이감지되었을
때] 블록의 내부 변수로 지정되어 있는 [걸음수]를 가져와서 끼워 넣으면 된다.

④ 거리표시는 한걸음 당 0.73m이기 때문에 소숫점 이하 자리수가 나오는 경우가 있다.
이를 정수 형태로 표시하기 위하여 [공통 블록]에서 [수학] 목록을 선택하여 [반올림],
[올림], [내림] 블록을 이용하면 된다. 여기서는 [반올림] 블록을 이용하여 실수를 정
수로 바꾸어 표시한다.

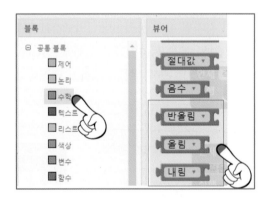

먼저, [반올림] 블록을 [지정하기 거리표시.텍스트 값] 블록에 끼워 넣고 [언제 만보
기1.걸음이감지되었을 때] 블록의 내부 변수로 지정되어 있는 [거리]를 가져와서 끼워
넣으면 된다.

여기까지만 하고 앱을 동작시켜도 스마트폰이 흔들릴 때 마다 걸음수와 거리가 증가하는 것을 확인할 수 있다.

❺ [일시정지]를 클릭하면 실행하는 동작은 간단하다. 만보기 센서를 정지시키는 함수만 호출하면 된다. [일시정지] 컴포넌트를 선택하고 [언제 일시정지.클릭했을 때] 블록을 추가하고 내부에는 [만보기1] 컴포넌트의 [호출 만보기1.정지] 블록을 끼워 넣으면 된다.

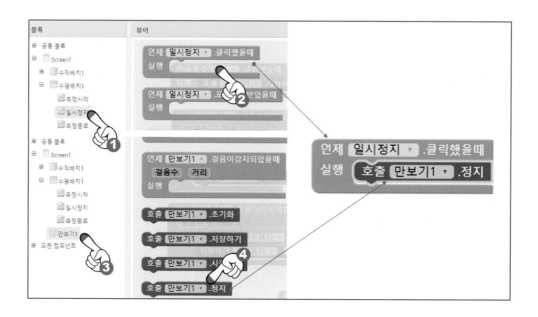

❻ 마지막으로 [측정종료] 버튼은 만보기를 초기화 하고 [걸음수표시]와 [거리표시] 레이블을 0으로 초기화 하면 된다. 먼저, [측정종료] 컴포넌트를 선택하고 [언제 측정종료.클릭했을때] 블록을 추가하고 내부에는 [만보기1] 컴포넌트의 [호출 만보기1.초기화] 블록을 끼워 넣고 아래에 [걸음수표시]와 [거리표시] 레이블의 텍스트 값을 0으로 지정하는 블록을 끼워 넣으면 된다.

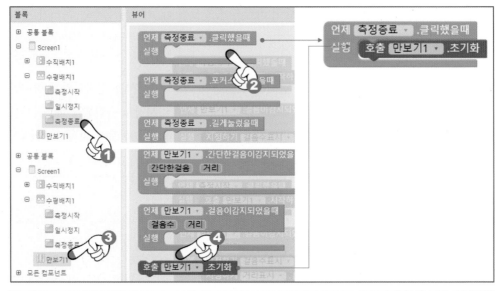

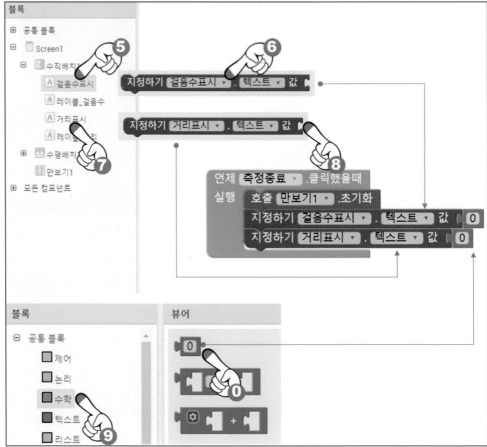

5.2 나의 위치 알아내기

프로젝트명	App_MapGps
요구사항	• 스마트폰의 GPS 센서(위치센서)를 나의 위치를 지도상에 표시하고 현 위치의 주소를 표시하는 앱을 구현해 보자. • 찾기 버튼을 클릭하면 지도상에 위치를 표시하고 주소표시 레이블에 현 주소를 결과로 출력한다.
수행능력	• 이벤트를 이용한 블록 코딩과 지도 컴포넌트 사용법을 익힌다. • 알림 컴포넌트를 이용하여 메시지 출력방법을 익힌다. • 위치 센서를 사용하여 해당 경도와 위도 값에 해당하는 위치를 지도상에 표시할 수 있다.
미리보기	

5.2.1 UI 설계

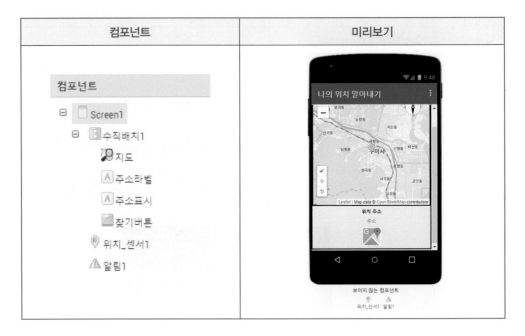

컴포넌트	미리보기

5.2.2 컴포넌트 속성

컴포넌트	유형	속성지정
Screen1	스크린	• 앱이름 : "App_MapGps" • 제목 : "나의 위치 알아내기" • 아이콘 : "point.png" • 기본색상 : 파랑
수직배치1	레이아웃 – 수직배치	• 수평정렬 : 가운데:3 • 너비 : 부모 요소에 맞추기
지도	지도 – 지도	• 중심좌표 : 36.1192869,128.344434 • 너비 : 부모 요소에 맞추기 • 높이 : 300 픽셀 • 나침번보이기 : 체크 • 줌레벨 : 13 • 텍스트색상 : 빨강 • 글꼴굵게 : 체크
주소라벨	사용자인터페이스 – 레이블	• 텍스트 : "위치 주소" • 너비 : 부모 요소에 맞추기

컴포넌트	유형	속성지정
주소표시	사용자인터페이스 – 레이블	• 텍스트 : "주소" • 너비 : 부모 요소에 맞추기 • 글꼴굵게 : 체크
찾기버튼	사용자인터페이스 – 버튼	• 이미지 : "point.png"
위치_센서1	센서 – 위치센서	• 거리간격 : 0 • 시간간격 : 1000
알림1	사용자인터페이스 – 알림	• 알림표시시간 : 길게

① 상단 [프로젝트] 메뉴에서 [새 프로젝트 시작하기] 메뉴를 선택하거나 [새 프로젝트 시작하기] 버튼을 누르면 새로운 앱 인벤터 프로젝트 만들기 대화상자가 나타난다.

② 하단의 대화상자에 프로젝트 이름(App_MapGps)을 입력하고 확인 버튼을 누른다.

❸ UI 설계에서 언급한 컴포넌트를 뷰어 화면에 배치한다. 먼저, 레이아웃을 중앙으로 정렬하기 위하여 [Screen1] 속성의 수평정렬을 "가운데:3"로 지정하고 앱이름은 "App_MapGps"로 지정한다. 스마트폰 앱의 아이콘을 바꾸기 위하여 아이콘 속성은 [미디어]에 "point.png" 파일을 등록하고 해당 파일로 수정하고 기본 색상은 "파랑"으로 지정한다.

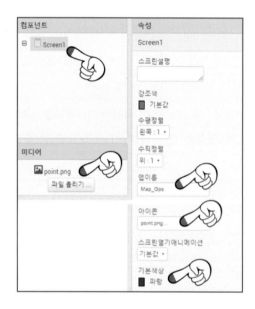

❹ 각 컴포넌트를 수직으로 배치하기 위하여 최상위 레이아웃은 [수직배치] 레이아웃을 위치시키고 수평정렬을 "가운데:3"으로 지정하고 너비는 "부모 요소에 맞추기"를 선택한다.

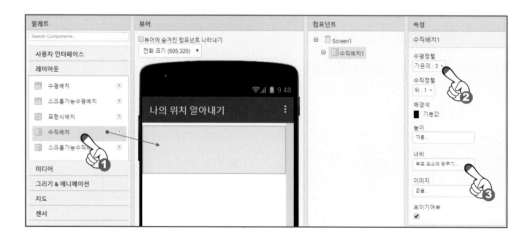

❺ 먼저, 최상단에는 지도 컴포넌트를 배치한다. [팔레트] 영역의 [지도] 목록을 선택하여
[지도] 컴포넌트를 배치시킨다. [지도] 컴포넌트의 [속성] 중 시작시의 중심좌표는 임
의로 설정하면 된다.(여기서는 구미시 좌표값 : 36.1192869,128.344434) 그 외 줌
가능여부 등은 임의로 설정하고 나침반보이기를 체크하고 높이는 "300 픽셀", 줌레벨
은 13으로 설정한다.

[지도 컴포넌트의 이해]

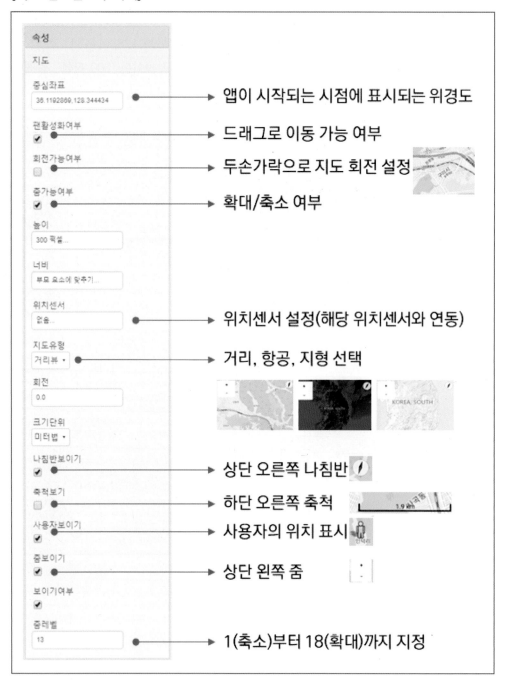

⑥ 주소를 표시하는 영역과 라벨 부분은 [사용자인터페이스] 목록의 [레이블] 컴포넌트를 사용하면 된다. [레이블] 두 개를 배치하고 텍스트를 각각 "위치 주소"와 "주소"로 설정한다. 너비는 "부모 요소에 맞추기"로 설정하고 글꼴은 굵게 표시한다.

⑦ 다음은 사용자로부터 위치 찾기를 위한 이벤트를 얻기 위하여 [버튼] 컴포넌트를 배치한다. [버튼] 컴포넌트에는 텍스트가 아닌 이미지로 표시한다. [속성]의 이미지 부분에 [미디어] 영역에 등록한 파일명을 명시한다.(point.png)

⑧ GPS를 통한 위치 값을 얻기 위하여 [센서] 목록에 있는 [위치센서] 컴포넌트를 추가한
다. 이 컴포넌트는 [뷰어] 에는 표시되지 않는 보이지 않는 요소이다. 뷰어 하단에 컴
포넌트가 있음을 표시하고 있다.

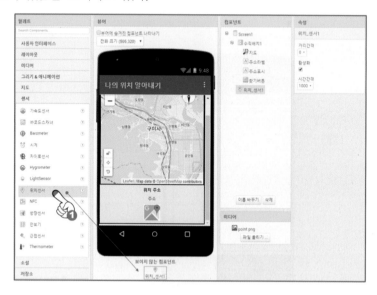

⑨ 마지막으로 위치인식을 하지 못할 경우, 메시지를 출력하기 위한 [사용자인터페이스]
목록에 있는 [알림] 컴포넌트를 추가한다. 이 컴포넌트도 보이지 않는 컴포넌트로 하
단에 표시된다. 알림 메시지를 다소 길게 표시하기 위하여 알림표시시간 속성을 "길게'
'로 설정한다.

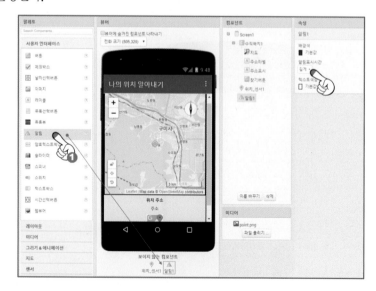

이상으로 요구사항에서 언급한 컴포넌트의 배치는 모두 완료되었다. 이제 [블록] 화면에서 각 버튼을 클릭하면 해당 동작을 수행하는 코딩을 하면 된다.

5.2.3 Block Coding

① 최종 블록 코딩 미리보기

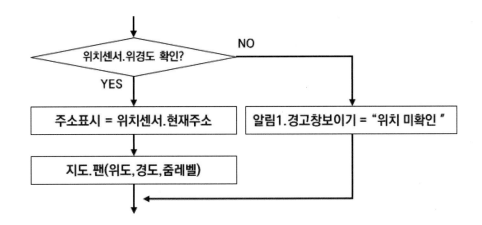

② 블록 코딩을 위한 문제 분석

이번 문제는 사용자 이벤트가 위치를 알기 위한 버튼 클릭 이벤트만 존재한다. 그리고 위치 센서에서 현재의 위경도 값을 확인 가능한지 비교하고 가능하면 현재 주소를 [주소표시] 레이블에 표시하고 해당 위치로 지도를 이동시키면 된다. 만일 위경도 값을 확인하지 못하면 [알림1] 컴포넌트를 이용하여 원하는 메시지를 출력하면 된다.

③ 블록 코딩 절차

① 먼저, [블록] 영역의 [찾기버튼] 컴포넌트를 선택하고 클릭 이벤트를 [뷰어] 영역에 배치한다.

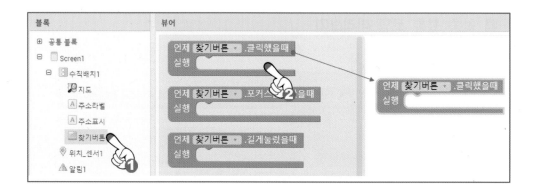

② 위치 센서의 위경도 확인 가능여부를 판단하기 위하여 [공통블록]의 [제어] 목록에서 [만약 이라면 실행] 블록을 기존 블록에 끼워 넣고 파란색 옵션제어(⚙)를 눌러 [아니면] 블록을 추가한다.

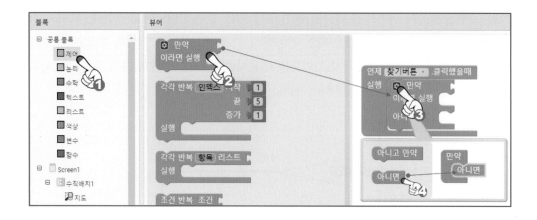

③ 비교판단을 위한 조건은 [위치_센서1] 컴포넌트에서 위경도 확인이 가능한가를 비교해야 하므로 [블록] 영역의 [위치_센서1] 컴포넌트 목록에서 [위경도확인가능] 블록을 가져와 [만약] 부분에 끼워 넣는다.

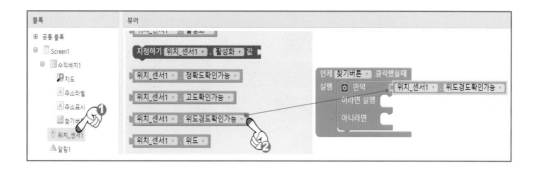

④ 조건이 만족하면 먼저, 현재 주소를 표시하기 위하여 [주소표시] 컴포넌트를 선택하고 [지정하기 텍스트 값] 블록을 끼워 넣는다.

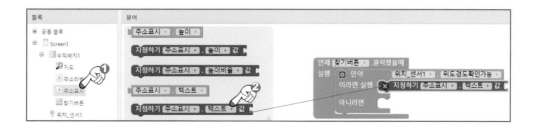

그리고 [위치_센서1] 컴포넌트의 [현재주소] 블록을 선택하여 [주소표시] 블록의 값 부분에 끼워 넣는다.

⑤ 이제 해당 위도와 경도에 맞게 지도를 이동시켜야 한다. [블록] 영역의 [지도] 컴포넌트 목록에서 [호출 팬하기] 블록을 선택하고 기존 [지정하기 주소표시] 블록의 하단에 붙여 넣는다.

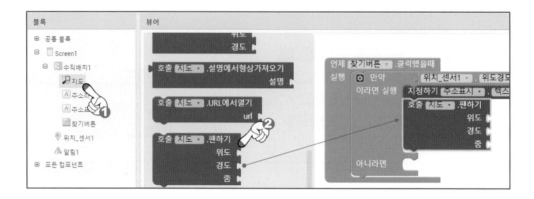

해당 블록의 빈 칸은 [위치_센서1] 컴포넌트에서 위도와 경도 가져와서 끼워 넣으면 된다.

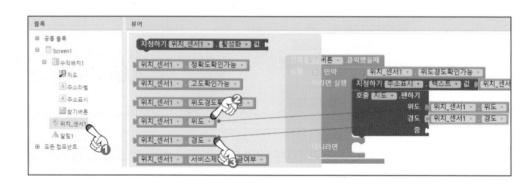

줌 레벨은 [지도] 컴포넌트가 가지고 있는 속성이므로 [블록] 영역의 [지도] 컴포넌트 목록에서 [지도.줌레벨] 블록을 가져와서 끼워 넣는다.

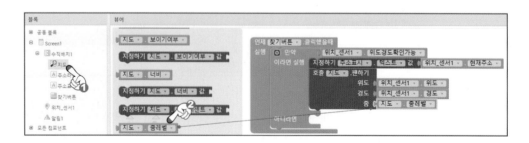

⑥ 만일, 3번 블록의 조건이 만족되지 않으면 [얼림1] 컴포넌트를 이용하여 경고창을 띄워야 한다. [블록] 영역의 [얼림1] 목록에서 [경고창보이기] 블록을 가져와 [아니라면] 부분에 끼워 넣는다.

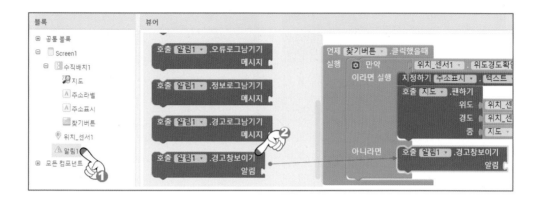

그리고 [알림] 부분에서 출력할 메시지를 넣으면 되는데, [공통블록]의 [텍스트] 목록에서 문자열 블록을 가져와 "위치 미확인!! 다시 버튼을 눌러주세요."라고 변경한다.

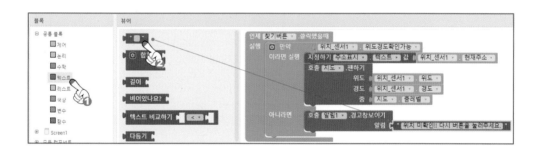

최종적인 결과는 다음과 같다. 두 손가락으로 회전도 시켜보고 줌 기능을 이용하여 확대 및 축소도 가능하니 활용하면 좋을 것이다. 모바일 단말기는 정확한 위치를 파악하지만 에뮬레이터 등은 IP 주소를 이용한 대략적인 위치만 보인다. 그리고 GPS가 동작하여 위치 센서 값을 읽기 위해서는 앱이 구동되고 10초의 대기 시간이 요구된다.

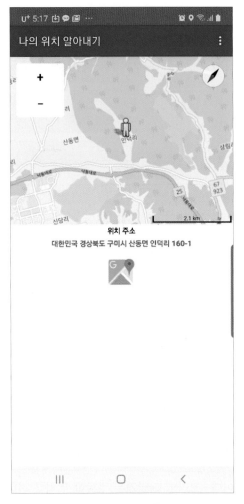

[초기 동작화면]   [이동과 회전 동작화면]

5.3 나침반 만들어 보기

프로젝트명	App_Compass
요구사항	• 스마트폰의 방향센서를 이용하여 나침반을 만들고 방위각을 표시하는 앱을 구현해 보자.
수행능력	• 캔버스와 이미지스프라이트 컴포넌트를 이용하여 방위각을 표시할 수 있다.
미리보기	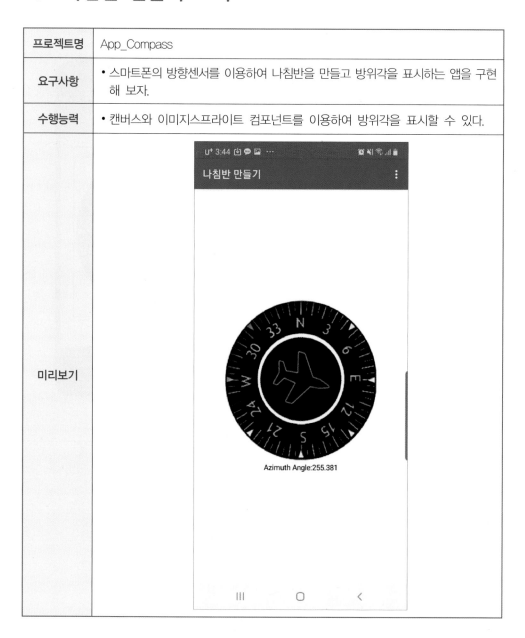

5.3.1 UI 설계

컴포넌트	미리보기

5.3.2 컴포넌트 속성

컴포넌트	유형	속성지정
Screen1	스크린	• 앱이름 : "App_Compass" • 제목 : "나침반 만들기" • 수평정렬 : 가운데:3 • 수직정렬 : 가운데:2 • 기본색상 : 파랑 • 스크인방향 : 세로
캔버스1	그리기&애니메이션 – 캔버스	• 배경이미지 : "compass_back.png" • 높이 : 300 픽셀 • 너비 : 300 픽셀

컴포넌트	유형	속성지정
Compass	그리기&애니메이션 – 이미지스프라이트	• 높이 : 150 픽셀 • 너비 : 150 픽셀 • 사진 : "compass_for.png" • X : 75 • Y : 75
레이블1	사용자인터페이스 – 레이블	• 텍스트 : " "
방향센서1	센서 – 방향센서	

❶ 상단 [프로젝트] 메뉴에서 [새 프로젝트 시작하기] 메뉴를 선택하거나 [새 프로젝트 시작하기] 버튼을 누르면 새로운 앱 인벤터 프로젝트 만들기 대화상자가 나타난다.

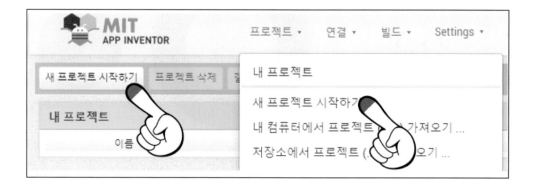

❷ 하단의 대화상자에 프로젝트 이름(App_Compass)을 입력하고 확인 버튼을 누른다.

❸ UI 설계에서 언급한 컴포넌트를 뷰어 화면에 배치한다. 먼저, 레이아웃을 중앙으로 정렬하기 위하여 [Screen1] 속성의 수평정렬과 수직정렬을 "가운데"로 지정하고 앱이름은 "App_Compass"로 지정한다. 그리고 회전 없이 항상 세로 방향으로 스크린을 고정하기 위해서 스크린방향을 "세로"로 지정하고 제목은 "나침반 만들기"로 지정한다.

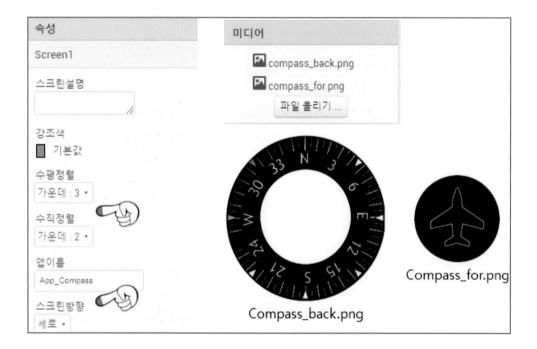

그리고 나침반을 위한 이지미를 위하여 [미디어] 영역에서 두 개의 파일을 업로드 한다.

❹ 먼저, [그리기&애니메이션] 목록에서 [캔버스] 컴포넌트를 추가하고 속성의 배경이미지에는 "compass_back.png"을 지정한다. 높이와 너비는 각각 "300 픽셀"로 지정한다.

⑤ [캔버스1]의 배경이미지는 고정된 방위 이미지이며 방향센서의 감지에 따라 위치가 변
화하는 중앙의 이미지가 필요하다. 이를 위하여 [캔버스1] 컴포넌트 내에 [이미지스프
라이트] 컴포넌트를 배치한다.

높이와 너비는 "150 픽셀"로 지정하고 사진은 "compass_for.png"이미지를 선택한
다. 캔버스 내의 위치 X, Y는 정 중앙인 75로 지정한다. 블록 코딩에서 좌표를 지정할
수 있지만 지금은 디자인 단계에서 좌표를 고정한다. 아래 그림과 같이 배경이 가로세
로 300이고 내부의 움직임을 위한 이미지가 가로세로 150 픽셀이다. 중앙에 배치되기
위한 움직임 이미지는 (75,75) 에 배치되면 된다.

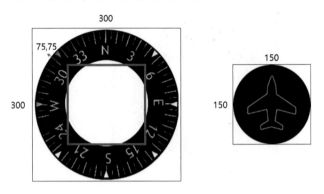

⑥ 그리고 캔버스 하단에 방위각을 표시할 [레이블] 컴포넌트를 배치하고 방향값을 읽기 위
한 [방향센서] 컴포넌트를 배치한다. [방향센서] 컴포넌트는 "보이지 않는 컴포넌트"이다.

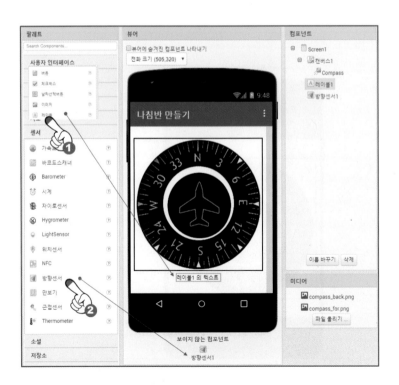

이상으로 요구사항에서 언급한 컴포넌트의 배치는 모두 완료되었다. 이제 [블록] 화면
에서 각 버튼을 클릭하면 해당 동작을 수행하는 코딩을 하면 된다.

5.3.3 Block Coding

▣ 최종 블록 코딩 미리보기

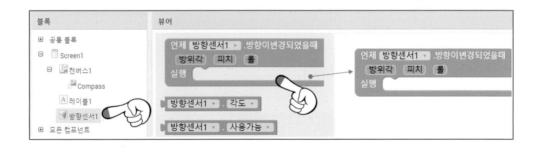

▣ 블록 코딩을 위한 문제 분석

위 코딩 미리보기에서 볼 수 있듯이 요구사항이 복잡하지 않고 [위치센서]에서 방향이 변
경되면 [이미지스프라이트] 컴포넌트의 방향만 변경하면 된다.

▣ 블록 코딩 절차

① 먼저, [방향센서1] 컴포넌트를 선택하고 [방향이변경되었을때] 블록을 가져온다.

블록에서 볼 수 있듯이 이 블록은 내부적으로 방위각, 피치, 롤의 값을 가지고 있다.

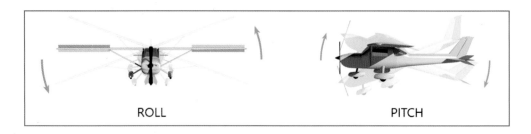

방위각은 북쪽을 기준으로 스마트폰이 가리키는 각도를 시계방향으로 표시한 것이다. 롤은 폰이 옆 방향으로 기울어지는 각도를 피치는 위아래 방향으로 기울어지는 각도를 가지고 있다.

② 이제 [Compass] 컴포넌트의 방향을 변화시키기 위해서 [방향센서1]의 [방위각]을 [Compass] 컴포넌트의 [방향] 값으로 지정하면 된다.

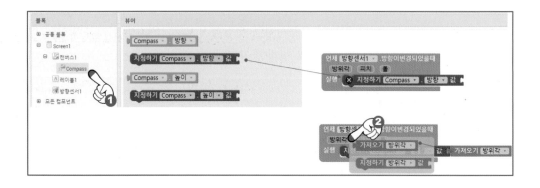

③ 그리고 하단 레이블에 방위각을 출력하기 위하여 아래와 같이 문자열 합치기를 통하여 [레이블1]의 텍스트 값을 지정하다.

방위각을 소숫점 3자리만 출력하기 위하여 [공통 블록]의 [수학] 목록에서 자릿수를 지정할 수 있는 블록을 이용하였다.

아주 간단하게 나침반이 완성되었다. 이 외에도 스마트폰에는 다양한 센서가 있으므로 이를 활용한 자신만의 앱을 만들어보길 바란다.

▣ 앱 인벤터의 센서 컴포넌트

① ⬤ 가속도센서(Accelerometer Sensor) : 이 센서는 중력 가속도를 이용하여 스마트폰의 떨림을 감지할 수 있는 센서로서 일반적으로 흔들림에 의해서 이벤트가 발생된다.

- X가속도 : 스마트폰이 평평한 표면에 있을 때 0, 오른쪽으로 기울어지면 증가, 왼쪽으로 기울어지면 감소한다.
- Y가속도 : 평평한 곳에 놓여 있으면 0, 아래 부분이 올라가면 증가, 윗부분이 올라가면 감소한다.
- Z가속도 : 화면이 위로 가도록 지면에 평평하게 놓았을 때 −9.8(중력 가속도)이다. 지면에 수직이면 0, 화면이 아래로 가도록 놓으면 +9.8 이다.

② ▦ 바코드스캐너(Barcode Scanner) : 바코드 스캐너를 사용하여 바코드를 읽을 수 있는 컴포넌트입니다.

바코드 뿐 아니라 QR코드로 인식가능 하다.

내부 스캐너를 사용할 경우에는 [속성]의 외부 스캐너 사용을 반드시 해제해야 한다. 물론, 별도의 외브 스캐너가 있으면 문제없겠지만.

③ 🌡 Barometer : 기압계를 의미한다. 대기압을 측정할 수 있다. 일반적으로 대기압은 소숫점 다섯자리까지 측정해 준다.

언제 Barometer1 ▾ .AirPressureChanged
pressure
실행

④ 🌀 Hygrometer : 습도계를 의미한다. 주변 공기 습도를 측정할 수 있는 센서인데 일반적인 안드로이드 스마트폰에는 해당 센서가 없다.

언제 Hygrometer1 ▾ .HumidityChanged
humidity
실행

⑤ 🔆 LightSensor : 조도계를 의미한다. 주위의 밝기를 측정하여 lx 단위 반환해 준다. 밝기 따라 화면이 자동으로 변화하는 등의 용도로 사용할 수 있다.

언제 LightSensor1 ▾ .LightChanged
lux
실행

⑥ 🌡 Thermometer : 온도계를 의미한다. 주변의 온도를 측정할 수 있는 센서인데 일반적인 안드로이드 스마트폰에는 해당 센서가 없다.

언제 Thermometer1 ▾ .TemperatureChanged
temperature
실행

⑦ 자이로센서 : 3차원 각속도(자이로스코프)를 측정하는 센서이다. 각 방향으로 회전하는 정도값을 반환 받을 수 있다. X축 방향으로 1초에 한 바퀴를 회전하면 각속도는 360/sec가 된다. 이를 이용하면 항공기 등의 비행자세를 측정할 수 있다.

⑧ 근접센서 : 스크린으로부터 상대적으로 물체가 얼마나 근접해있는지를 측정하며 cm 단위 반환하다. 스마트폰이 사람의 귀에 가까이에 있는지를 확인하기 위해 사용한다.

5.4 연습문제

가속도 센서를 이용하여 스마트폰 움직임에 따른 XYZ 축에 대한 센서 변화값을 레이블
에 표시하는 앱을 구현해 보자.

프로젝트명	Ex_App_Acc
요 구 사 항	• 가속도 센서를 사용한 변화값을 표시하고 활용방안에 대한 아이디어를 기술하시오.

컴포넌트	완성화면

기초코딩과 문제해결_with APP INVENTOR

CHAPTER

06

문제해결 능력 향상하기

기초코딩과 문제해결_with APP INVENTOR

06 CHAPTER 문제해결 능력 향상하기

6.1 노트하고 공유하기

프로젝트명	App_Note
요구사항	• 원하는 필기나 메모를 화면에 직접 드로잉하여 결과를 카카오톡 등의 다른 앱으로 공유하는 앱을 구현해 보자. • 기존 사진를 불러올 수 있고 직접 사진을 찍을 수 있으며 원하는 색상이나 굵기로 직접 드로잉할 수 있다.
수행능력	• 캔버스를 다루는 방법을 익힌다. • 캔버스 내에 사진를 배치할 수 있고 스마트폰 내의 갤러리를 사용하여 사진을 불러올 수 있는 방법을 익힌다. • 소셜 컴포넌트 중 공유 컴포넌트를 이용하여 다른 앱으로 캔버스 결과를 공유할 수 있다.
미리보기	

6.1.1 UI 설계

컴포넌트	미리보기
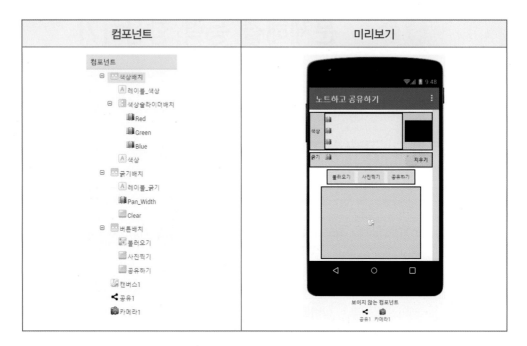	

6.1.2 컴포넌트 속성

컴포넌트	유형	속성지정
Screen1	스크린	• 앱이름 : "App_Note" • 제목 : "노트하고 공유하기" • 기본색상 : 파랑
색상배치	레이아웃 - 수직배치	• 수평정렬 : 왼쪽:1 • 수직정렬 : 가운데:2 • 너비 : 부모 요소에 맞추기
레이블_색상	사용자인터페이스 - 레이블	• 텍스트 : "색상"
색상슬라이더배치	레이아웃 - 수직배치	• 수평정렬 : 가운데:3 • 수직정렬 : 가운데:2 • 너비 : "200 픽셀"
Red	사용자인터페이스 - 슬라이더	• 왼쪽색상 : 빨강 • 너비 : "200 픽셀" • 최댓값 : 255 • 최솟값 : 0 • 섬네일위치 : 128

컴포넌트	유형	속성지정
Green	사용자인터페이스 - 슬라이더	• 왼쪽색상 : 초록 • 너비 : "200 픽셀" • 최댓값 : 255 • 최솟값 : 0 • 섬네일위치 : 128
Blue	사용자인터페이스 - 슬라이더	• 왼쪽색상 : 파랑 • 너비 : "200 픽셀" • 최댓값 : 255 • 최솟값 : 0 • 섬네일위치 : 128
색상	사용자인터페이스 - 레이블	• 높이 : "50 픽셀" • 너비 : "80 픽셀" • 텍스트 : " "
굵기배치	레이아웃 - 수평배치	• 수평정렬 : 왼쪽:1 • 수직정렬 : 위:1 • 너비 : 부모 요소에 맞추기
레이블_굵기	사용자인터페이스 - 레이블	• 텍스트 : "굵기"
팬굵기	사용자인터페이스 - 슬라이더	• 너비 : "200 픽셀" • 최댓값 : 10 • 최솟값 : 1 • 섬네일위치 : 5
Clear	사용자인터페이스 - 버튼	• 너비 : "80 픽셀" • 모양 : 둥근모서리 • 텍스트 : "지우기"
버튼배치	레이아웃 - 수평배치	• 수평정렬 : 왼쪽:1 • 수직정렬 : 위:1
불러오기	미디어 - 이미지선택버튼	• 텍스트 : "불러오기"
사진찍기	사용자인터페이스 - 버튼	• 텍스트 : "사진찍기"
공유하기	사용자인터페이스 - 버튼	• 텍스트 : "공유하기"
캔버스1	그리기&애니메이션 - 캔버스	• 배경색 : 밝은 회색 • 높이 : 부모 요소에 맞추기 • 너비 : "80 퍼센트" • 선두께 : 5
공유1	소셜 - 공유	
카메라1	미디어 - 카메라	

❶ 상단 [프로젝트] 메뉴에서 [새 프로젝트 시작하기] 메뉴를 선택하거나 [새 프로젝트 시
작하기] 버튼을 누르면 새로운 앱 인벤터 프로젝트 만들기 대화상자가 나타난다.

❷ 하단의 대화상자에 프로젝트 이름(App_Note)을 입력하고 확인 버튼을 누른다.

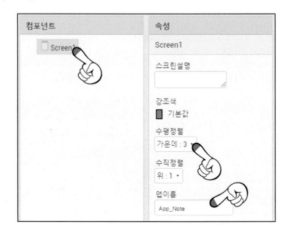

❸ UI 설계에서 언급한 컴포넌트를 뷰어 화면에 배치한다. 먼저, 레이아웃을 중앙으로
정렬하기 위하여 [Screen1] 속성의 수평정렬을 "가운데:3"로 지정하고 앱이름은 "App
_Note"로 지정한다.

④ 먼저 색상 전체 배치를 수평으로 하기 위하여 [수평배치] 레이아웃을 위치시키고 수평 정렬을 "왼쪽:1"으로 지정하고 너비는 "부모 요소에 맞추기"를 선택한다.

⑤ 색상 레이블을 위하여 [사용자인터페이스] 목록에서 [레이블] 컴포넌트를 가져와 텍스트를 "색상"으로 지정한다.

⑥ [슬라이더] 컴포넌트를 수직으로 배치하기 위하여 [레이아웃] 목록에서 [수직배치] 컴포넌트를 아래와 같이 배치하고 각각의 속성을 지정하고 이름은 "색상슬라이더배치"로 변경한다.

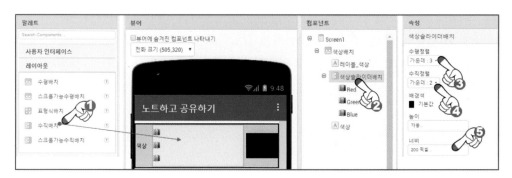

❼ 그리고 [색상슬라이더배치] 내에 [슬라이더] 컴포넌트를 세 개 배치하고 아래와 같이
각 속성을 지정하고 이름은 "Red", "Green", "Blue"로 변경한다.

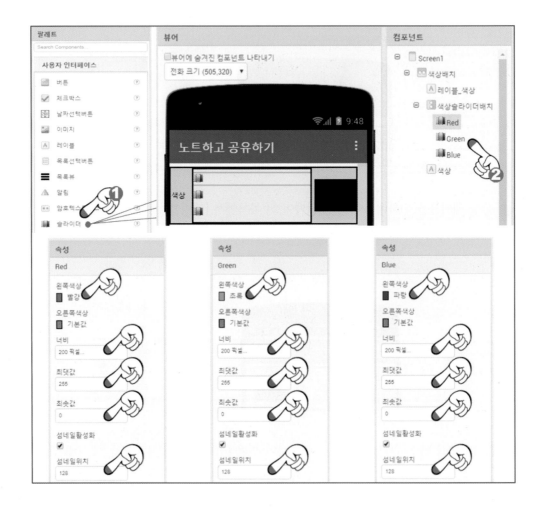

❽ 세 개의 [슬라이더]에서 설정한 색상을 표시하기 위하여 [사용자인터페이스] 목록에서
[레이블] 컴포넌트를 선택하여 오른쪽에 삽입하고 높이와 너비를 각 50, 80 픽셀로
지정한다. 그리고 텍스트 속성은 공백으로 둔다.

⑨ 팬의 굵기 조절하기 위한 [슬라이더] 컴포넌트와 캔버스에 그려진 드로잉 결과를 지우기 위한 [버튼] 컴포넌트를 수평으로 배치하기 위하여 [레이아웃] 목록에서 [수평배치] 컴포넌트를 하위에 추가하고 아래와 같이 속성을 지정하고 이름를 "굵기배치"로 수정한다.

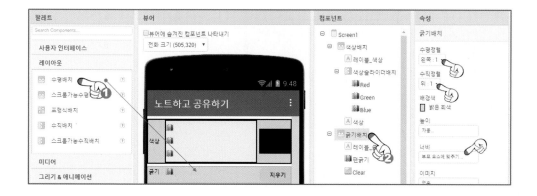

⑩ 배치된 [굵기배치] 컴포넌트내에 [레이블], [슬라이더], [버튼] 컴포넌트를 각각 순서대로 추가하고 아래와 같이 속성과 이름을 변경한다. [슬라이더] 는 1부터 10까지 굵기를 조절하기 위하여 최댓값은 10, 최솟값은 1로 속성을 지정하고 섬네일위치는 5로 지정한다.

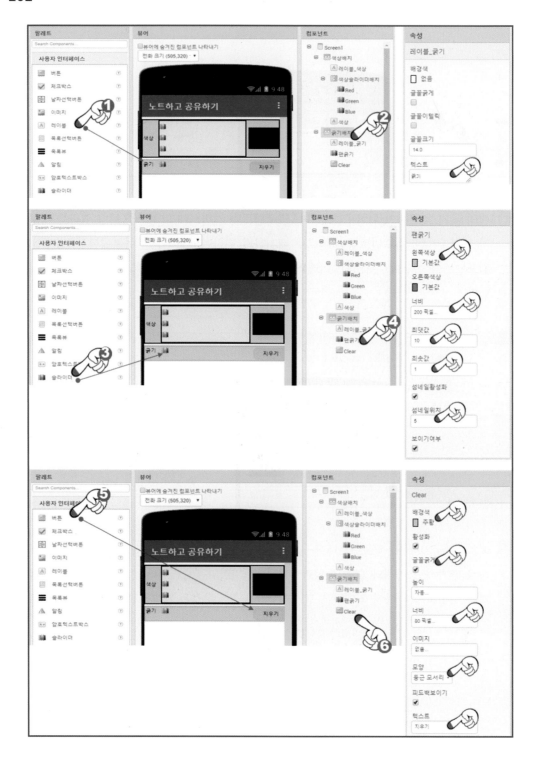

⑪ 다음으로 갤러리에서 사진 불러오기, 카메라로 사진찍기, 소셜 앱에 공유하기 의 세 가지 [버튼] 컴포넌트의 배치가 필요하다. 수평배치를 위하여 [레이아웃] 목록에서 [수평배치] 컴포넌트를 추가하고 내부에 세 개의 [버튼]을 배치한다. 단, [불러오기] 버튼은 [미디어] 목록의 [이미지선택버튼]을 가져와야 한다.

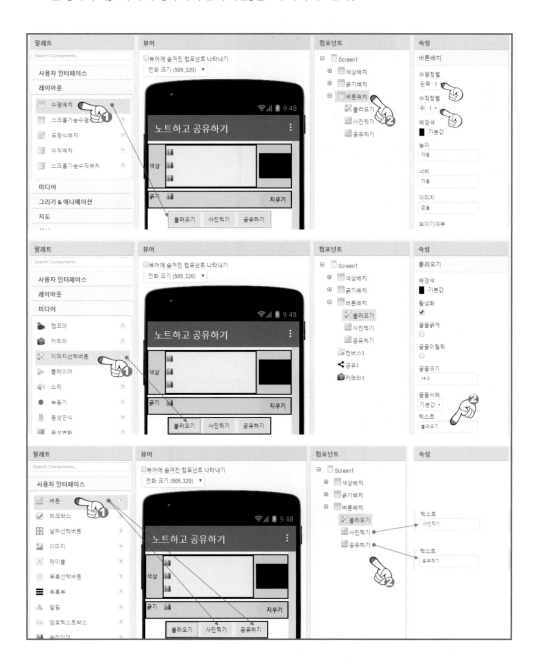

⑫ 드로잉을 위한 [그리기&애니메이션] 목록에서 [캔버스] 컴포넌트를 추가하고 아래와 같이 높이는 "부모 요소에 맞추기", 너비는 "80 퍼센트", 선두께는 5로 지정한다.

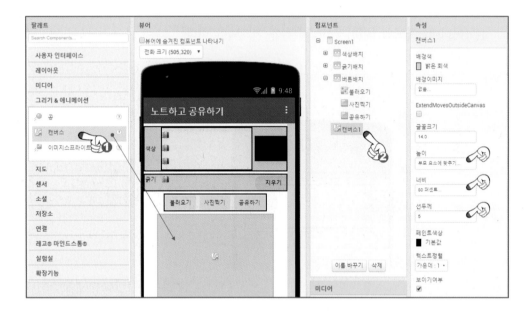

⑬ 마지막으로 공유를 위한 [소셜] 목록의 [공유] 컴포넌트와 카메라 촬영을 위한 [미디어] 목록의 [카메라] 컴포넌트를 추가한다. 이 두 컴포넌트는 "보이지 않는 컴포넌트"로 뷰어 하단에 표시된다.

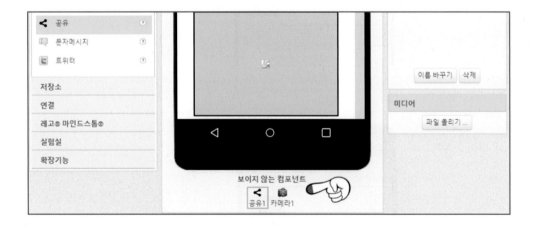

이상으로 요구사항에서 언급한 컴포넌트의 배치는 모두 완료되었다. 이제 [블록] 화면에서 각 버튼을 클릭하면 해당 동작을 수행하는 코딩을 하면 된다.

6.1.3 Block Coding

① 최종 블록 코딩 미리보기

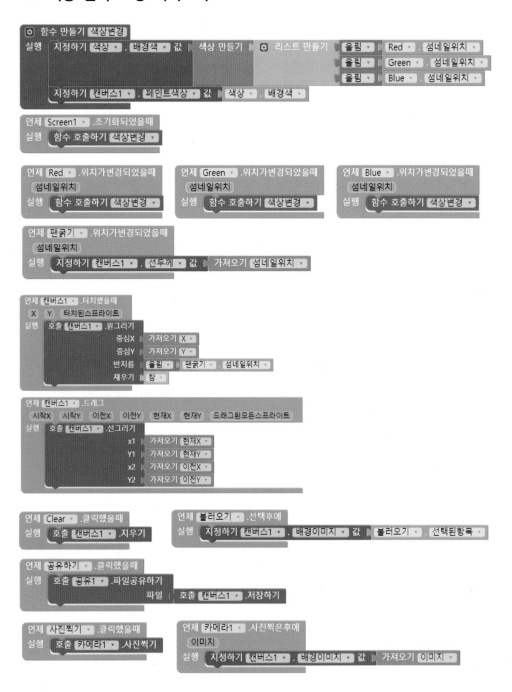

② 블록 코딩을 위한 문제 분석

본 문제는 조건등의 제어 절차가 필요하지는 않다. 다만, 이벤트가 다양하기 때문에 각 이벤트에 해당하는 실행 블록이 많은 것이 특징이다. 어떤 이벤트가 있는지 정리해 보자.

① 세 가지 색상(Red, Green, Blue) 슬라이더 변경 이벤트
  – 각 슬라이더는 동일한 동작(색상 변경)을 위한 컴포넌트이므로 공통된 기능 수행을 위한 함수를 만들어 필요시마다 호출하여 사용한다.
② [팬굵기] 변경 이벤트
③ [Clear] 버튼 클릭 이벤트
④ [불러오기] 버튼 클릭 이벤트
⑤ [사진찍기] 버튼 클릭 이벤트
  – 사진을 찍은 후에 실행 이벤트 추가
⑥ [공유하기] 버튼 클릭 이벤트
⑦ [캔버스] 터치 이벤트
⑧ [캔버스] 드래그 이벤트

③ 블록 코딩 절차

① 먼저, 색상을 바꾸기 위한 [Red], [Green], [Blue] 슬라이더가 변경되면 공통적으로 수행하는 색상변경과 관련된 함수를 하나 만든다. [공통 블록] 목록의 [함수]에서 [함수 만들기] 블록을 선택한다.

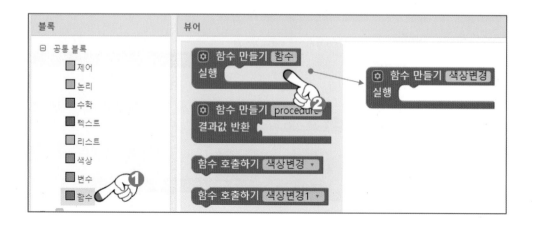

❷ 만들고자 하는 함수는 이전 [App_Color2] 실습에서 사용한 각 슬라이더가 바뀌면 색
상 리스트를 통하여 색상을 만들고 해당 색상을 [색상] 레이블의 배경색으로 지정하면
된다. 그리고 [색상] 레이블의 배경색 캔버스의 페인트색상으로 지정하면 된다.

슬라이더의 섬네일이 변경되면 해당 위치값은 실수이므로 [공통 블록]의 [수학] 목록
에서 [올림] 블록을 이용하여 정수화 시킨다.

❸ 그리고 앱이 시작되면 자동으로 색상을 변경하기 위하여 위에서 정의한 함수를 호출한다.

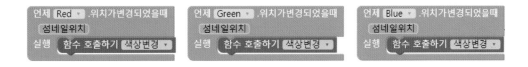

❹ 이제 [Red], [Green], [Blue] 슬라이더가 변경되면 위에서 만든 [색상변경] 이라는 함
수만 호출하면 된다.

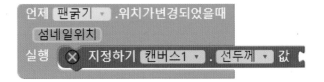

❺ [팬굵기] 슬라이더가 변경되면 캔버스의 선두께를 변경한다. 변경 값은 내부변수인
[섬네일위치]를 가져오면 된다.

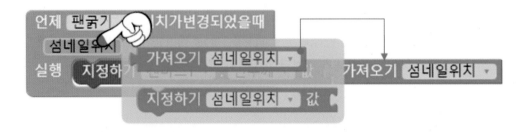

⑥ 캔버스에 터치를 하게되면 인식을 의미하는 뜻으로 [펜굵기]의 원을 하나 그린다. 터치할 때마다 원이 그려진다.

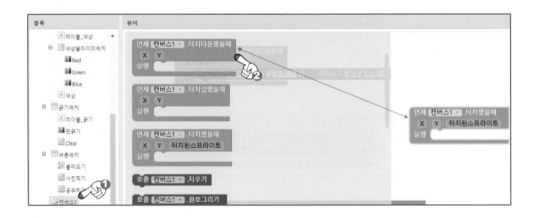

[원그리기] 블록은 [캔버스1] 컴포넌트를 선택하면 목록에 나타난다.

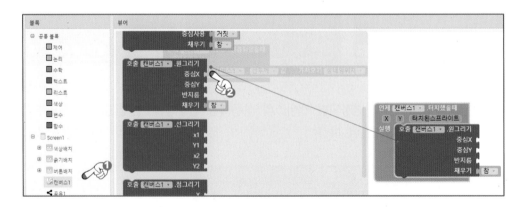

그리고 원의 중심좌표는 내부변수인 [X]와 [Y]을 사용하면 된다. 반지름은 [펜굵기] 컴포넌트의 섬네일위치 값으로 하면 된다.

⑦ 캔버스에서 드래그가 되면 이전 좌표부터 현재 좌표까지 선을 그리면 된다. 빠르게 캔버스를 드래그하면 연필과 같은 효과를 가질 수 있다. 블록의 각 인수는 내부변수를 사용하면 된다.

⑧ 굵기 조절 슬라이더의 오른쪽에 있는 [Clear] 버튼을 클릭하면 캔버스를 지우는 메소 드를 호출하면 된다. 해당 메소드도 [캔버스1] 컴포넌트를 선택하면 목록에 나타난다.

⑨ [불러오기] 이미지목록선택 버튼은 클릭과 동시에 갤러리가 열리며 하나의 이미지를 선택하면 다시 원래화면으로 되돌아온다. 그리고 캔버스의 배경이미지로 지정하면 된다.

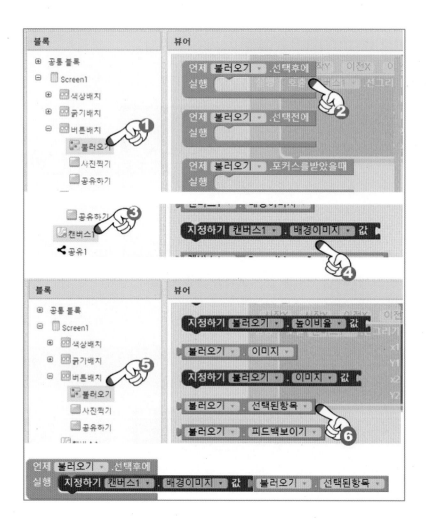

⑩ 사진찍기를 이용하여 캔버스의 배경이미지로 지정하기 위해서는 두 가지 동작이 이루어져야 한다. 첫 번째는 사직을 찍는 동작이고 두 번째는 찍은 후에 이미지를 가져와서 캔버스 배경이미지로 지정하는 것이다. 첫 번째 동작은 아래와 같이 버튼 클릭 이벤트와 [카메라1] 컴포넌트의 [사진찍기] 블록을 가져오면 된다.

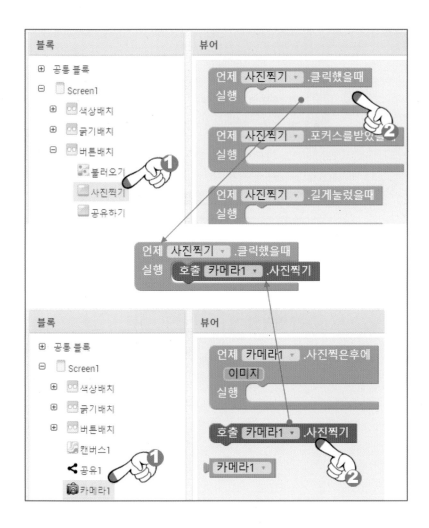

두 번째 동작은 [카메라1] 컴포넌트의 [사진찍은후에] 이벤트와 [캔버스1] 컴포넌트의 지정하기 블록을 이용하면 된다. 지정하기 블록의 배경이미지 값은 [사진찍은후에] 블록의 내부변수인 [이미지]를 사용하면 된다.

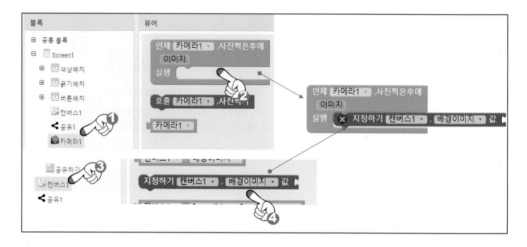

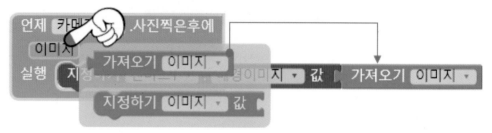

6.2 계산기 만들기

프로젝트명	App_Calculator
요구사항	• App_Basic2 실습에서 간단한 사칙연산이 가능한 계산기를 만들어 보았다. • 이번에는 숫자 버튼으로 실제 계산기와 동일한 동작을 하는 계산기를 구현한다. • 각 오퍼랜드와 오퍼레이션을 순서에 맞게 조합하여 계산이 되어야 한다.
수행능력	• 컴포넌트는 버튼과 레이블로만 이루어져 있고 내부적인 동작을 논리적 절차로 명시할 수 있는 프로그래밍에 초점을 맞춘다. • 문제 분석을 통한 절차를 이해하고 스스로 설계하여 구현할 수 있는 능력을 함양한다.
미리보기	

6.2.1 UI 설계

컴포넌트	미리보기
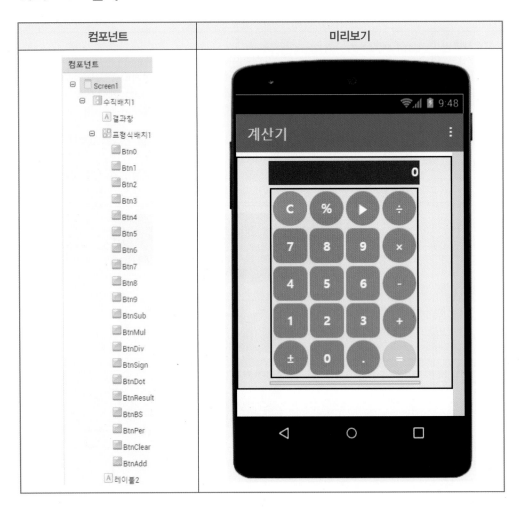	

6.2.2 컴포넌트 속성

컴포넌트	유형	속성지정
Screen1	스크린	• 앱이름 : "App_Calculator" • 제목 : "계산기" • 기본색상 : 파랑
수직배치1	레이아웃 – 수직배치	• 수평정렬 : 왼쪽:1 • 수직정렬 : 가운데:2 • 너비 : 부모 요소에 맞추기

컴포넌트	유형	속성지정
결과창	사용자인터페이스 – 레이블	• 배경색 : 어두운 회색 • 글꼴굵게 : 체크 • 글꼴크기 : 20 • 높이 : "30 픽셀" • 너비 : "220 픽셀" • 텍스트 : 0 • 텍스트색상 : 흰색
표형식배치1	레이아웃 – 표형식배치	• 수평정렬 : 가운데:3 • 수직정렬 : 가운데:2 • 너비 : "200 픽셀"
사용자인터페이스 – 버튼		
Btn0~9	숫자 버튼	• 글꼴굵게 : 체크 • 글꼴크기 : 20 • 높이 : "50 픽셀" • 너비 : "50 픽셀" • 모양 : 둥근모서리 • 텍스트 : 0~9
수직배치1	레이아웃 – 수직배치	• 수평정렬 : 왼쪽:1 • 수직정렬 : 가운데:2 • 너비 : 부모 요소에 맞추기
BtnSub	덧셈 버튼	• 글꼴굵게 : 체크 • 글꼴크기 : 20 • 높이 : "50 픽셀" • 너비 : "50 픽셀" • 모양 : 타원 • 텍스트 : 각 버튼별 상이
BtnAdd	뺄셈 버튼	
BtnMul	곱셈 버튼	
BtnDiv	나눗셈 버튼	
BtnSign	부호 버튼	
BtnDot	소숫점 버튼	
BtnResult	= 버튼	
BtnPer	% 버튼	
BtnClear	결과창 삭제 버튼	
BtnBS	한 글자 삭제 버튼	
lblPro	사용자인터페이스 – 레이블	• 텍스트 : " " ※ 연산의 과정을 보여준다.

❶ 상단 [프로젝트] 메뉴에서 [새 프로젝트 시작하기] 메뉴를 선택하거나 [새 프로젝트 시
작하기] 버튼을 누르면 새로운 앱 인벤터 프로젝트 만들기 대화상자가 나타난다.

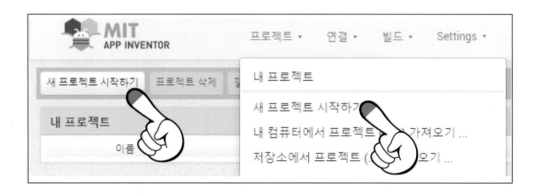

❷ 하단의 대화상자에 프로젝트 이름(App_Calculator)을 입력하고 확인 버튼을 누른다.

❸ UI 설계에서 언급한 컴포넌트를 뷰어 화면에 배치한다. 먼저, 레이아웃을 중앙으로
정렬하기 위하여 [Screen1] 속성의 수평정렬을 "가운데:3"로 지정하고 앱이름은
"App_Calculator"로 지정한다.

④ [표형식배치1] 컴포넌트는 열과 행을 각각 4열, 5행으로 지정한다. 그외 컴포넌트의
배치는 생략한다.

6.2.3 Block Coding

▯ 최종 블록 코딩 미리보기

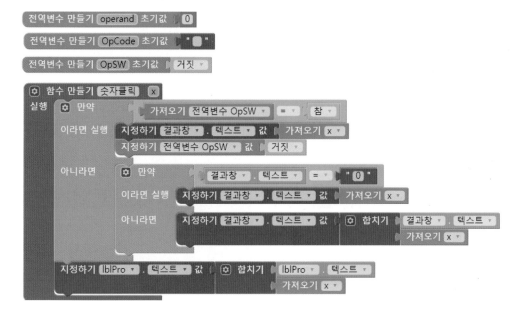

함수 만들기 연산자클릭 x
실행 만약 가져오기 전역변수 operand = 0
이라면 실행 지정하기 전역변수 operand 값 결과창 . 텍스트
지정하기 lblPro . 텍스트 값 합치기 결과창 . 텍스트
가져오기 x
아니라면 만약 가져오기 x = "+"
이라면 실행 지정하기 전역변수 operand 값 가져오기 전역변수 operand + 결과창 . 텍스트
아니고 만약 가져오기 x = "-"
이라면 실행 지정하기 전역변수 operand 값 가져오기 전역변수 operand - 결과창 . 텍스트
아니고 만약 가져오기 x = "X"
이라면 실행 지정하기 전역변수 operand 값 가져오기 전역변수 operand × 결과창 . 텍스트
아니라면 지정하기 전역변수 operand 값 가져오기 전역변수 operand / 결과창 . 텍스트
만약 lblPro . 텍스트 = " "
이라면 실행 지정하기 lblPro . 텍스트 값 합치기 결과창 . 텍스트
가져오기 x
아니라면 지정하기 lblPro . 텍스트 값 합치기 lblPro . 텍스트
가져오기 x
지정하기 결과창 . 텍스트 값 가져오기 전역변수 operand
지정하기 전역변수 OpCode 값 가져오기 x
지정하기 전역변수 OpSW 값 참

언제 Btn0 . 클릭했을때
실행 함수 호출하기 숫자클릭
x "0"

언제 Btn1 . 클릭했을때
실행 함수 호출하기 숫자클릭
x "1"

언제 Btn2 . 클릭했을때
실행 함수 호출하기 숫자클릭
x "2"

언제 Btn3 . 클릭했을때
실행 함수 호출하기 숫자클릭
x "3"

언제 Btn4 . 클릭했을때
실행 함수 호출하기 숫자클릭
x "4"

언제 Btn5 . 클릭했을때
실행 함수 호출하기 숫자클릭
x "5"

언제 Btn6 . 클릭했을때
실행 함수 호출하기 숫자클릭
x "6"

언제 Btn7 . 클릭했을때
실행 함수 호출하기 숫자클릭
x "7"

언제 Btn8 . 클릭했을때
실행 함수 호출하기 숫자클릭
x "8"

언제 Btn9 . 클릭했을때
실행 함수 호출하기 숫자클릭
x "9"

언제 BtnAdd ▼ .클릭했을때
실행 함수 호출하기 연산자클릭 ▼
                            x   " + "

언제 BtnMul ▼ .클릭했을때
실행 함수 호출하기 연산자클릭 ▼
                            x   " X "

언제 BtnSub ▼ .클릭했을때
실행 함수 호출하기 연산자클릭 ▼
                            x   " - "

언제 BtnDiv ▼ .클릭했을때
실행 함수 호출하기 연산자클릭 ▼
                            x   " / "

언제 BtnPer ▼ .클릭했을때
실행 지정하기 결과창 ▼ . 텍스트 ▼ 값   결과창 ▼ . 텍스트 ▼ / 100

언제 BtnDot ▼ .클릭했을때
실행 ⚙ 만약   아니다 텍스트가 단어를 포함하는가? 텍스트 결과창 ▼ . 텍스트 ▼
                                                단어 " . "
     이라면 실행 지정하기 결과창 ▼ . 텍스트 ▼ 값 ⚙ 합치기 결과창 ▼ . 텍스트 ▼
                                                        " . "
              지정하기 lblPro ▼ . 텍스트 ▼ 값 ⚙ 합치기 lblPro ▼ . 텍스트 ▼
                                                        " . "

언제 BtnSign ▼ .클릭했을때
실행 지정하기 결과창 ▼ . 텍스트 ▼ 값 ⚙ 결과창 ▼ . 텍스트 ▼ × -1

언제 BtnBS ▼ .클릭했을때
실행 ⚙ 만약   길이 결과창 ▼ . 텍스트 ▼ = ▼ 1
     이라면 실행 지정하기 결과창 ▼ . 텍스트 ▼ 값 " 0 "
     아니라면 지정하기 결과창 ▼ . 텍스트 ▼ 값 텍스트에서 문자열 추출하기 텍스트 결과창 ▼ . 텍스트 ▼
                                           시작위치 1
                                           문자열길이 길이 결과창 ▼ . 텍스트 ▼ - 1

언제 BtnClear ▼ .클릭했을때
실행 지정하기 결과창 ▼ . 텍스트 ▼ 값 " 0 "
     지정하기 전역변수 operand ▼ 값 0
     지정하기 전역변수 OpCode ▼ 값 " "
     지정하기 전역변수 OpSW ▼ 값 거짓 ▼
     지정하기 lblPro ▼ . 텍스트 ▼ 값 " "

언제 BtnResult ▼ .클릭했을때
실행 함수 호출하기 연산자클릭 ▼
                    x 가져오기 전역변수 OpCode ▼
     지정하기 전역변수 operand ▼ 값 0
     지정하기 전역변수 OpCode ▼ 값 " "
     지정하기 전역변수 OpSW ▼ 값 참 ▼
     지정하기 lblPro ▼ . 텍스트 ▼ 값 " "

② 블록 코딩을 위한 문제 분석

본 문제는 [디저이너] 화면에서는 별 문제가 없다. 다만 행위적인 동작이 복잡하기 때문에 [블록] 영역에 대한 설명을 절차적으로 자세히 소개한다.

특정 기능은 코딩 절차에서 설명하고 연산을 위한 총괄적인 동작에 대한 절차적 이해를 해 보도록 하자.

① 변수 만들기

먼저, 입력한 정보을 저장하기 위한 변수가 필요하다.

– Operand : 입력한 이전 정보를 저장 연산자가 눌러지면 결과창에 있는 정보를 어딘가에 기억시켜 두어야 한다. 초기값은 0

– OpCode : 입력한 연산자를 기억, 초기값은 공백

– OpSW : 이전에 연산자가 눌러지면 True, 연산자가 눌러지면 결과창에 있는 숫자뒤에 연결하지 않고 새롭게 시작해야 한다. 초기값은 False

② 숫자 버튼이 클릭되는 경우

```
OpSW 체크변수가 True 이면 {
        결과창 <= 숫자 버튼 값
        OpSW <= False
}
아니면 {
        결과창에 있는 텍스트가 0이면 결과창 <= 숫자 버튼 값
        아니면 {
                결과창 <= ( 결과창 & 숫자 버튼 값 )
        }
}
```

③ 연산자가 클릭되는 경우

```
Oprand 값이 0이면 Operand <= 결과창
아니면 {
        Operand <= Operand와 결과창 해당 연산(네 가지)
        결과창 <= Operand
}
OpCode <= 연산자
```

```
OpSW <= True
```

④ 소숫점 클릭되는 경우

```
결과장에 소수점이 없으면 {
        결과창 <= ( 결과창 & ".")
}
```

⑤ C 버튼 클릭되는 경우

모든 변수를 초기화해야 한다.

```
결과창 <= "0"
Operand <= 0
Opcode <= ""
OpSW <= False
```

⑥ % 버튼 클릭되는 겨우

결과창에 있는 결과에 100을 나누어 결과창에 표시

⑦ ▸ 버튼 클릭되는 경우

```
결과창의 문자열 길이가 1이면 {
        결과창 <= "0"
}
아니면 {
        결과창에 있는 문자열의 끝에 있는 글자를 삭제
}
```

⑧ = 버튼 클릭되는 경우

최종적인 연산을 수행하고 다른 변수들은 초기화 한다.

```
Operand <= 0
Opcode <= ""
OpSW <= True
```

여기서 OpSW 변수가 True가 되는 이유는 숫자를 클릭하면 이전 결과창이 새롭게 시작되어야 하기 때문이다.

⑨ ± 버튼 클릭되는 경우
결과창에 있는 정보에 −1을 곱하여 부호를 바꾼다.

❸ 블록 코딩 절차

블록 코드의 위치는 어느 정도 학습했으니 이제 코딩 결과에 대한 설명을 위주로 절차를 설명한다.

❶ 변수 만들기 : 전역변수는 [공통 블록]의 [변수]목록에서 선택할 수 있다. 각 변수의 자료형에 따라 Operand 변수는 숫자형이므로 [수학] 목록에서 상수값을 가져오고 OpCode 변수는 문자형이기 때문에 [텍스트] 목록에서 상수 블록을 가져 온다. 마지막으로 OpSW 변수는 논리형이므로 [논리] 목록에서 초기값 블록을 가져온다.

❷ 숫자 버튼이 클릭되는 경우 : 실제 숫자 버튼은 특정 함수를 호출하는 블록만 있다. [숫자클릭] 이라는 함수를 만들어 두고 해당 함수에는 문자열 상수값으로 매개변수를 전달하고 있다.

블록에서 x는 [숫자클릭] 함수에게 전달되는 값을 의미한다. 숫자가 클릭이 되면 [결과창] 컴포넌트의 텍스트 속성값에 추가하는 역할을 하므로 별도의 함수 반환 값을 받을 필요는 없다.

언제 Btn0 ▼ .클릭했을때
실행 함수 호출하기 숫자클릭 ▼
x " 0 "

언제 Btn5 ▼ .클릭했을때
실행 함수 호출하기 숫자클릭 ▼
x " 5 "

언제 Btn1 ▼ .클릭했을때
실행 함수 호출하기 숫자클릭 ▼
x " 1 "

언제 Btn6 ▼ .클릭했을때
실행 함수 호출하기 숫자클릭 ▼
x " 6 "

언제 Btn2 ▼ .클릭했을때
실행 함수 호출하기 숫자클릭 ▼
x " 2 "

언제 Btn7 ▼ .클릭했을때
실행 함수 호출하기 숫자클릭 ▼
x " 7 "

언제 Btn3 ▼ .클릭했을때
실행 함수 호출하기 숫자클릭 ▼
x " 3 "

언제 Btn8 ▼ .클릭했을때
실행 함수 호출하기 숫자클릭 ▼
x " 8 "

언제 Btn4 ▼ .클릭했을때
실행 함수 호출하기 숫자클릭 ▼
x " 4 "

언제 Btn9 ▼ .클릭했을때
실행 함수 호출하기 숫자클릭 ▼
x " 9 "

그래서 아래와 같이 [숫자클릭] 함수는 결과값 반환이 없는 함수 만들기 블록으로 작성한다. 이는 [공통 블록]의 [함수] 목록에서 선택할 수 있다.

함수 만들기 숫자클릭 x
실행 만약 가져오기 전역변수 OpSW ▼ = ▼ 참 ▼
이라면 실행 지정하기 결과창 ▼ . 텍스트 ▼ 값 가져오기 x ▼
지정하기 전역변수 OpSW ▼ 값 거짓
아니라면 만약 결과창 ▼ . 텍스트 ▼ = ▼ " 0 "
이라면 실행 지정하기 결과창 ▼ . 텍스트 ▼ 값 가져오기 x ▼
아니라면 지정하기 결과창 ▼ . 텍스트 ▼ 값 합치기 결과창 ▼ . 텍스트 ▼
가져오기 x ▼
지정하기 lblPro ▼ . 텍스트 ▼ 값 합치기 lblPro ▼ . 텍스트 ▼
가져오기 x ▼

여기서 부터 상세한 이해가 요구된다. 먼저 함수가 호출되면 호출시에 전달한 값이 x 변수에 저장되게 된다. 전달할 값이 많다면 아래와 같이 변수를 추가하여 사용할 수도 있고 리스트 형식의 값을 전달할 수도 있다.

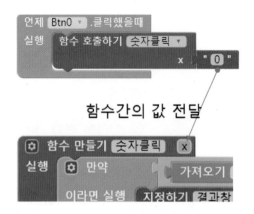

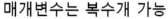

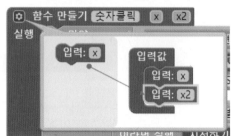

함수를 만들지 않았다면 각 숫자 버튼마다 [숫자클릭] 함수 부분을 삽입하여 블록코딩
의 양이 증가할 것이다. 이렇게 규칙적인 동작을 반복할 때는 단위 동작을 함수화 하
는 것이 전체적인 효율성 측면에서 효과적이다.

부분적으로 살펴보자.

숫자 버튼이 클릭되어 [숫자클릭] 함수가 실행되면 가장 먼저 OpSW 변수가 True 값
을 가지고 있는지 묻고 있다. True 값을 가지고 있다는 것은 바로 이전에 연산자 버튼
을 눌렀다는 의미이다. 123+4에서 +을 클릭하면 OpSW에 True 값이 저장된다. 그
리고 4를 클릭하면 결과창의 123에 4가 결합되는 것이 아니고 4가 새롭게 시작되어야
한다.

그래서 전달받은 x 변수의 값을 결과창의 텍스트에 그대로 지정하고 있다. 이제 부터
는 숫자가 클릭되면 오른쪽에 결합되어야 하므로 OpSW는 False 값으로 전환시켜 지
정한다.

OpSW 변수가 True가 아니면 클릭된 숫자를 결과창에 있는 이전의 값과 결합(합치기)하면 된다. 하지만, 이전 결과창의 값이 0이었다면 결합이 아니고 새롭게 시작되어야 한다. 그래서 다시한번 결과창에 있는 텍스트가 0인지를 묻고 만족하면 위와 동일하게 해당 x값을 결과창 텍스트에 그대로 지정한다.

그렇지 않으면 기존 내용과 합쳐야하기 때문에 [텍스트] 목록에 있는 합치기 블록을 이용하여 결과창 텍스트와 전달받은 x 값을 합쳐서 결과창 텍스트레 지정하고 있다.

위 블록은 사실상 연산과는 무관한 블록이다. 입력되는 숫자와 연산자가 어떻게 결합되는지 과정을 보이기 위해 사용하는 컴포넌트이다. 조건의 만족여부와 관계없이 = 버턴을 누를때 까지는 모든 입력을 순서적으로 합쳐서 레이블에 보여주고 있다. 뷰어의 가장 하단에 있는 컴포넌트이다. 의미가 좋다면 결과창 상단 오른쪽에 배치해도 좋을 것으로 사료된다.

❸ 연산자가 클릭되는 경우 : 네 개의 연산자를 클릭했을 경우가 가장 복잡한 처리 절차를 가진다. 숫자 버튼과 마찬가지로 연산자 버튼도 함수을 작성하여 해당 버튼이 클릭되면 호출되게 된다.

아래와 같이 특정 연산자가 클릭되면 [연산자클릭] 이라는 함수을 호출하게 된다. 호출시에 전달되는 매개변수는 각 연산에 해당하는 상징적인 기호가 전달된다. 물론 숫자 1, 2, 3, 4를 전달하여 식별할 수도 있다. 이러한 식별 정보는 작성자가 임의로 설정한 구분기호를 사용하면 된다.

[연산자클릭] 함수가 수행되면 동작하는 절차적 부분적으로 이해해 보도록 하자. 앞서 분석 절차에서 명시한 의사코드를 바탕으로 순서적으로 블록 코딩과 비교해 보는 것도 이해를 돕기 위한 좋은 방법으로 생각된다.

위 의사코드의 ㉠에 해당하는 블록 코딩은 아래와 같다. 함수가 시작되면 [Operand] 변수가 0인지를 비교하여 만족하면 [결과창]에 있는 텍스트를 [Operand] 변수에 지정하고 있다.

여기서 하단의 [lblPro] 레이블에 지정하는 값은 연산의 절차를 이해하기 위한 부수적인 부분으로 실제 연산동작과는 무관한다.

```
㉠ Oprand 값이 0이면          Operand <= 결과창
㉡ 아니면 {
㉢          Operand <= Operand와 결과창 해당 연산(네 가지)
㉣          결과창 <= Operand
}
㉤ OpCode <= 연산자
㉥ OpSW <= True
```

㉢에 해당하는 블록 코딩은 네 가지 연산을 위한 부분으로 전달받은 x 변수가 어떤 값인지를 비교하여 해당 연산을 수행하게 된다. 그리고 연산의 결과는 [Operand]에 지정하게 된다.

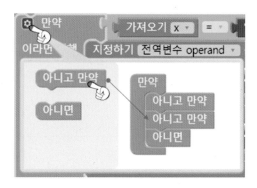

이때 다중 조건(다중 IF)을 표현하기 위해서 내부 블록을 확장할때 세 번의 비교가 필요하므로 [아니고 만약] 이라는 블록을 두 개 추가하고 [아니면] 블록을 하나 배치하면 된다.

```
㉠ Oprand 값이 0이면        Operand <= 결과창
㉡ 아니면  {
㉢       Operand <= Operand와 결과창 해당 연산(네 가지)
㉣       결과창 <= Operand
 }
㉤ OpCode <= 연산자
㉥ OpSW <= True
```

㉣에 해당하는 블록은 간단하게 아래와 같이 [Operand]을 [결과창] 텍스트에 지정하면 된다.

블록이 복잡해 보이지만 핵심적인 블록은 마지막 부분의 하나만 해당한다. 상단의 [만약] 블록은 제외해도 관계없다.

```
㉠ Oprand 값이 0이면        Operand <= 결과창
㉡ 아니면  {
㉢       Operand <= Operand와 결과창 해당 연산(네 가지)
㉣       결과창 <= Operand
 }
㉤ OpCode <= 연산자
㉥ OpSW <= True
```

㉤과 ㉥은 연산이 종료되고 변수의 값을 변경하기 위한 부분으로 연산자를 기억하는 [OpCode] 변수에는 전달 받은 연산자에 해당하는 x 변수를 지정한다. 그리고 연산자가 클릭되고 난 이후에는 새로운 숫자로 시작되어야 하기 때문에 이를 확인할 수 있도

록 [OpSW] 변수에 True 값을 지정한다. 이는 [숫자클릭] 함수에서 기존 [결과창]에 합칠 것인지 새로운 숫자로 출발할 것인지를 식별하는 스위칭 변수의 역할을 한다.

④ 소숫점 클릭되는 경우 : 소숫점이 클릭된 경우는 두 가지 수행으로 구분될 수 있다. 기존 [결과창]에 소숫점이 있는 경우와 없는 경우이다. 기존에 소숫점이 이미 있다면 아무른 동작도 하지 않으면 되고 소숫점이 없다면 [결과창] 텍스트에 소숫점을 연결하면 된다.

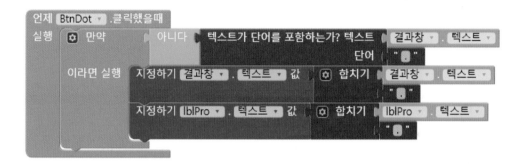

소숫점이 있는지를 판단하기 위한 블록은 [텍스트] 목록에서 특정 단어나 글자가 포함되어 있는지를 확인하는 블록을 이용하면 된다. 그리고 [논리] 목록에서 [아니다] 블록을 이용하여 부정 연산자를 사용하여 "포함되지 않을 때"라는 조건을 만들 수 있다.

예외적 발생 문제 해결

이는 알고리즘의 문제가 아니고 분명 앱인벤트 자체의 오류라고 생각된다. 2.0, 3.4 등의 입력은 가능하나 0 뒤에 소수점이 붙으면 무시되는 현상으로 입력이 불가능한 상태가 된다. 이를 해결하기 위하여 기존 [숫자클릭] 함수의 변화가 필요하다. 기존에는 [결과창] 이 0이면 입력한 숫자 값을 지정하고 0이 아니면 기존 [결과창]과 입력한 숫자 값을 합쳐서 [결과창]에 지정하였다. 이를 아래와 같이 [결과창]의 길이값이 1이면 입력한 숫자값을 지정하는 것으로 변경하면 이 오류는 해결할 수 있다. 0이 경우는 이미 상단 조건에서 처리했기 때문에 0이 아닐 경우만 해당된다.

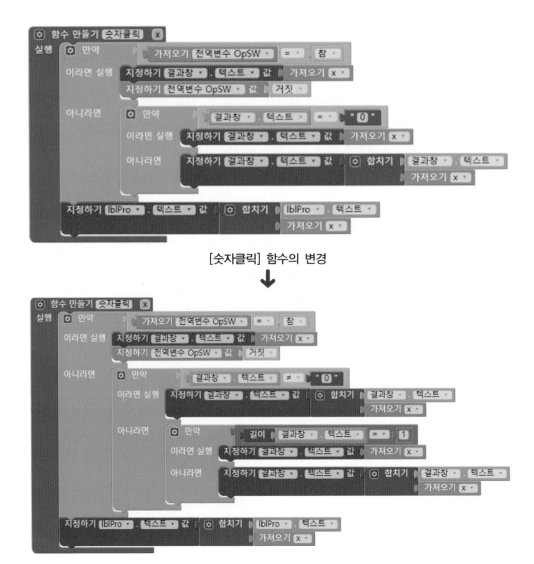

[숫자클릭] 함수의 변경

⑤ C 버튼 클릭되는 경우 : C 버튼은 모든 결과와 변수를 초기화 시키는 버튼이다. [결과
창]과 확인 레이블(lblPro), 모든 변수를 초기화 하면 된다.

❻ % 버튼 클릭되는 경우 : 작성하는 앱에서 이 버튼은 [결과창]에 있는 결과에 100을 나누어 결과창에 표시한다.

❼ ▶ 버튼 클릭되는 경우 : 가장 마지막에 입력된(오른쪽 끝) [결과창] 텍스트 내용을 삭제하는 역할을 한다. 한가지 조건은 [결과창이] 숫자 하나만 있다면 지워지는 경우에는 0으로 표시되어야 한다. 7자리 텍스트가 있다면 첫 번째 부터 6번째까지의 텍스트를 추출하여 [결과창]에 표시하면 된다. 이 기능을 위한 블록은 [텍스트] 목록에서 선택할 수 있다.

여기서 추출하기 블록은 다음과 같이 결과창의 1번째부터 (결과창 문자열 길이-1) 번째 까지를 추출하는 의미를 가진다.

SUBSTR(결과창, 1, LEN(결과창)-1)

❽ = 버튼 클릭되는 경우 : 최종적인 연산의 결과를 수행하고 다른 변수들의 값은 초기화시키는 역할을 한다.특히, OpSW의 경루 True로 지정하는 이유는 이후에 숫자를 클릭하면 새롭게 시작해야 하기 때문에 이를 위하여 True 값으로 지정한다.

언제 BtnResult ▾ .클릭했을때
실행   함수 호출하기 연산자클릭 ▾
                              x   가져오기 전역변수 OpCode ▾
       지정하기 전역변수 operand ▾ 값   0
       지정하기 전역변수 OpCode ▾ 값   " "
       지정하기 전역변수 OpSW ▾ 값   참 ▾
       지정하기 lblPro ▾ . 텍스트 ▾ 값   " "

⑨ ± 버튼 클릭되는 경우 : 단순하게 결과창에 표시된 값을 부호를 바꾸는 기능을 한다. 이를 위해서 결과창에 −1을 곱하여 부호를 바꾸고 있다.

언제 BtnSign ▾ .클릭했을때
실행   지정하기 결과창 ▾ . 텍스트 ▾ 값   ⚙   결과창 ▾ . 텍스트 ▾   ×   -1

본 실습은 블록 코딩시에 고려되어야 할 부분이 다소 많다. 이렇게 특정 문제를 해결하기 위해서는 다양한 경우의 수에 대한 고려와 알고리즘이 필요하다. 또한 수행 중간에 예상시 못한 예외적인 상황에 대처할 수 있는 창의력도 요구된다. 코딩에 정답은 존재하지 않는다. 1차적으로 사용자의 요구사항을 만족했다면 모든 결과가 정답이다. 다만 2차적으로 시간이나 공간 등의 효율성을 평가하면 된다.

6.3 연습문제

자신만의 앱을 구현하기 위한 설계 및 동작 알고리즘을 작성하고 실제 앱을 구현하여 공유해 보자.

프로젝트명	
동 작 요구사항	
기능별 분해	
기 능 별 알 고 리 즘	
화 면 디 자 인	
구현 결과의 활 용 도	